AF311890

De la condition des Sujets et des Biens ennemis en France pendant la Guerre de 1914-1918

THÈSE

POUR LE

Doctorat (Sciences politiques et économiques)

Présentée et soutenue le Vendredi 11 Avril 1924, à 17 h. 30

PAR

Raymond HESS

devant le Jury d'examen

Président.......	MM. LALOUEL, professeur.
Assesseurs	HENRY, professeur.
	GIGNOUX, chargé de cours.

NANCY
IMPRIMERIE NANCÉIENNE, 15, RUE DE LA PÉPINIÈRE

1924

FACULTÉ DE DROIT DE NANCY

Doyen : M. GÉNY (✻, ● I).

Doyen et professeur honoraire : M. BINET (✻, ● I).

Professeurs honoraires : MM. MAY (✻, ● I) et GARNIER (● I).

MM. GÉNY (✻, ● I), professeur de Droit civil.

    MICHON (● I), professeur de Droit romain.

    BROCARD (● I), professeur d'Économie politique.

    SENN (✻, ● I), professeur de Droit romain à la Faculté de Droit de Paris, chargé de cours de Droit romain à la Faculté de Droit de Nancy.

    RENARD (● I), professeur de Droit public.

    HENRY, professeur de Droit criminel.

    LAVERGNE (● A), professeur d'Économie politique et d'Histoire des Doctrines économiques, chargé de cours à la Faculté de Droit de Lille.

    KRŒLL (● A), professeur d'Histoire du Droit.

    LALOUEL, professeur de Droit public.

    OUDINOT (✻, ✠, ✠, ● A), agrégé, détaché au Ministère des Régions libérées.

    LESCOT (✠), agrégé, chargé des cours de Droit commercial et de Voies d'exécution.

    SIMONNET (● I), docteur en Droit, chargé des cours de Droit civil (3ᵉ année) et de Droit civil (capacité).

    GIGNOUX (✻, ✠), docteur en Droit, chargé des cours d'Économie politique (licence et doctorat).

    VOIRIN (✠), docteur en Droit, chargé d'un cours de Droit civil (3ᵉ année).

    MELIN (● I), docteur en Droit, chargé du cours de Science sociale.

    BERTRAND (● I), secrétaire.

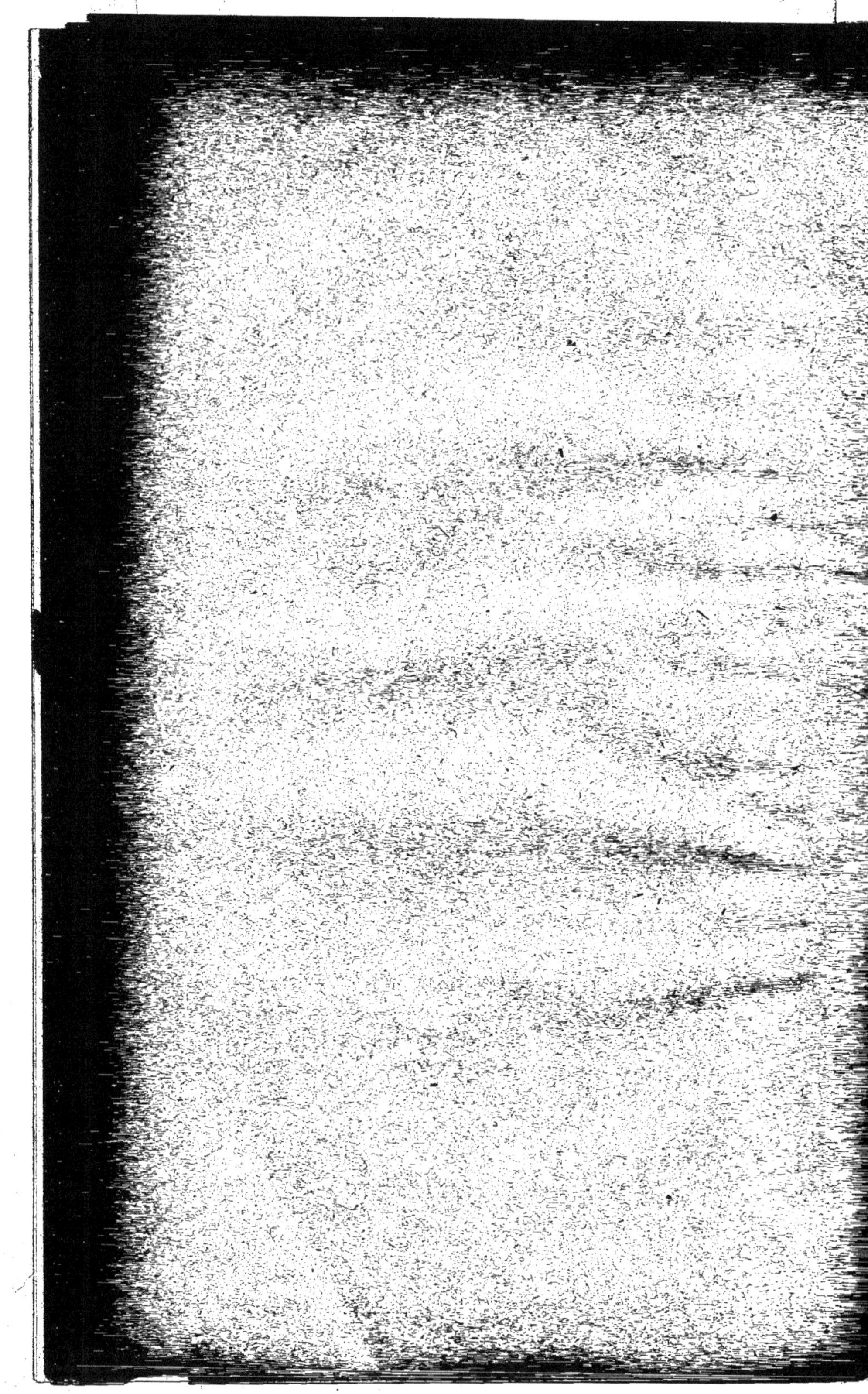

INTRODUCTION

La guerre a toujours été un fléau, mais jamais rien d'aussi horrible que ce que nous venons de vivre n'avait affligé l'humanité. Tous les progrès de la science en effet, les canons à longue portée pouvant atteindre les populations civiles en dehors du conflit, les mines sous-marines, les avions, les lance-flammes, les gaz asphyxiants ont largement augmenté le champ d'action du combat et ont donné à la lutte, sur terre, sur mer et dans les airs, une violence plus épouvantable que tout ce que l'on pouvait imaginer.

Aussi la Commission des Responsabilités (1), dans l'établissement des trente chefs d'accusation contre nos ennemis, ne donne-t-elle qu'une faible idée de la barbarie déployée.

Et pourtant, si terrible, si cruelle qu'elle ait pu être, la guerre est un état qui, étant donné notre civilisation, demeure inévitable; ce serait une illusion dangereuse, une pure utopie, « un idéal irréalisable » (2) que d'espérer une paix éternelle.

____

(1) Clunet, 1919, p. 524.
(2) Voir *Traité de Droit international public.* — Fauchille, t. II, p. 3.

L'homme ne peut vivre isolé, l'instinct l'amène nécessairement au groupement d'abord en famille, puis en tribu, enfin en État. Les sociétés sont donc indispensables; mais, aussitôt formées, les luttes entre voisins deviennent inévitables.

Au début, c'est la lutte pour la vie; on s'arrache les aliments et les vêtements nécessaires à l'entretien journalier; puis la lutte pour la possession ou pour la défense des richesses et des territoires; plus tard, la lutte pour l'impérialisme mondial, la domination universelle. « Rome ne peut souffrir ni rivales ni égales » (1). Tout alors est prétexte à guerre, même la religion.

I. — Dans les périodes primitives, la guerre est un état ajuridique, elle n'est soumise à aucune règle, « c'est le règne de la force ». Chaque nation considère les autres comme des ennemis naturels à vaincre, à asservir ou à anéantir (2) ». Le plus fort résiste et subsiste, le plus faible disparaît physiquement ou moralement, car il est absorbé par l'autre. C'est la lutte sans foi, ni loi; tous les moyens sont bons, la nation la plus traître, la plus violente, mais aussi la mieux organisée, devient la maîtresse. Elle s'empare des vaincus: femmes, enfants, vieillards, pour s'en faire des esclaves, et s'approprie leurs biens; tous, aussi bien que les guerriers, sont à la merci du vainqueur.

---

(1) *Manuel*, de Bonfils, p. 36.
(2) *Manuel*, de Bonfils, p. 34, *op. cit.*, de Martens.

Peu à peu, cependant, l'idée de civilisation apparaît; contre le déploiement de forces se dresse une force nouvelle, purement morale qui a fait comprendre la nécessité d'un effort vers la réglementation de cet état. Les usages de la Chevalerie du moyen âge en sont les premières manifestations.

Tous les excès, qui, jusqu'alors avaient paru normaux, deviennent de la barbarie, la lutte s'adoucit, on évite les destructions inutiles, les razzias injustifiées; on commence à épargner les vaincus, on admire ceux qui les épargnent et le *Væ Victis* ancien cesse d'être la loi.

Et pourtant, même au moyen âge, la pratique ancienne n'est modifiée par aucune règle nouvelle; si on ne l'applique plus dans toute sa rigueur, il n'y a là qu'un sentiment d'humanité et de pitié pour les malheureux, sentiment auquel l'avènement du Christianisme n'est certainement pas étranger, car « son commandement le plus élevé, c'est... l'amour des ennemis eux mêmes » (1).

Les auteurs théologiques: Suarez, Vittoria et Gentilis notamment, avaient de longtemps réclamé l'adoucissement du droit de la guerre, et l'Eglise elle-même avait interdit l'usage de certaines armes, décrété la trêve de Dieu et le droit d'asile, ce qui avait donné naissance aux nombreux usages de la Chevalerie. Avant d'être armé chevalier, le récipiendaire devait, en effet, prêter serment de soutenir le droit des faibles, de ne pas usurper le bien d'autrui

_____

(1) *Droit international codifié*, de Blüntschli, p. 13.

et de combattre ceux qui le feraient, de ne lutter
que pour le profit et le bien de la chose publique,
de ne pas faire violence aux femmes, de respecter
fidèlement la parole donnée, etc... Et ce serment
renfermait des notions morales si élevées et si délicates, qu'elles émanaient certainement du clergé,
pour lequel la Chevalerie était un moyen de travailler
à établir plus de paix dans la société.

Puis la guerre de Trente ans amène la publication
du *De jure belli ac pacis* de Grotius, qui « essaya
de faire entendre aux hommes la voix de la raison,
en proclamant que la guerre avait ses lois comme la
paix, et qu'il n'était pas permis aux princes de légitimer tous les crimes à la seule condition de com-
mencer par le plus grand de tous, le meurtre universel » (1).

11. — La guerre n'est plus alors un état totalement
ajuridique, ce n'est plus une simple manifestation
de forces, on exige une raison pour la provoquer,
on règle son exercice. Elle n'est certes pas encore
soumise à des lois, mais à des principes, à des usages
que l'on recommande de respecter et que l'on commence en réalité à respecter.

La conception anglo-saxonne du droit de la guerre
peut alors se faire une place ; elle ne cherche pas à
abolir la guerre, mais s'efforce tout au moins à la
civiliser et à la réduire.

____

(1) Laboulaye : Préface de la 1re édition du *Droit international
codifié*, de Blûntschli.

Elle constate avant tout les réalités et considère, à juste titre, que certaines violences y sont inévitables même contre les non-belligérants et leur propriété privée.

Aussi cette conception anglo-saxonne de la guerre admet-elle formellement qu'il ne peut pas plus y avoir de guerre strictement privée que de paix entre les particuliers ressortissants de deux nations en guerre. Elle soutient, au contraire, que tous les sujets : femmes, enfants, vieillards, etc., de deux États ennemis sont aussi ennemis les uns des autres, que c'est, du reste, une nécessité absolue.

Toutefois, par l'influence des sentiments humanitaires que nous avons déjà signalés, et aussi en application d'une juste compréhension des propres intérêts des belligérants, la brutalité ancienne est réprouvée, et cette théorie érige en règle absolue que « la mesure de la violence, qui est permise à la guerre, est... ce qui est requis pour réduire l'ennemi à la soumission ».

Pour y parvenir, il faudra combattre et faire reculer ses armées, les anéantir par tous les moyens si besoin est ; tandis que, contre les particuliers, les violences inutiles cessent d'être autorisées, tant qu'ils restent inoffensifs, leur vie doit être respectée.

Ces sujets ennemis non belligérants ne seront pas pour autant exempts de dangers, de maux et de souffrances résultant de la guerre ; ces souffrances, au contraire, seront nécessaires, car elles contribueront à hâter la fin de la guerre.

« Pour soumettre l'ennemi on emploie la force.

mais cet usage n'est légitime que s'il se proportionne à l'objectif des hostilités : le retour durable aux relations pacifiques. »

« Pourquoi créer, par le pillage et le meurtre, des germes de haine qui provoqueront d'immédiates représailles, exalteront la résistance de l'adversaire en jetant entre peuples voisins d'éternels germes de vengeance. L'exercice de la violence se conditionne et se limite sous la discipline étroite de la nécessité, la contrainte la plus légère est condamnable si elle est inutile »; elle serait, en outre, dangereuse pour le vainqueur lui-même, car il supporterait les conséquences de sa violence, en cas d'occupation ou d'annexion du territoire par lui dévasté ou ruiné.

C'est alors le respect dû aux non-combattants qui prend forme, en même temps que celui dû à la propriété privée, mais seulement dans toute la mesure des possibilités matérielles : « Les atteintes à la propriété privée ne peuvent, sur terre comme sur mer, être excusées par la nécessité militaire» (1).

III. — Ces progrès considérables ont pourtant encore paru insuffisants à nos philosophes du XVIIIe siècle, imbus d'idées humanitaires et généreuses, puisqu'ils ne peuvent supprimer le mal, ils veulent le limiter étroitement, et J.-J. Rousseau, dans un passage célèbre du *Contrat social*, a exprimé leur conception en ces termes :

(1) Discours de M. Choate, délégué américain à la deuxième Conférence de la Paix, t. III, p. 756, *op. cit.*, par Charles Dupuis *Droit de la Guerre maritime*, p. 58.

« La guerre n'est point une relation d'homme à
homme, mais une relation d'Etat à Etat dans laquelle
les particuliers ne sont ennemis qu'accidentellement,
non point comme hommes, ni comme citoyens, mais
comme soldats, non point comme membres de la
patrie, mais comme ses défenseurs (1). »

C'est la localisation de la guerre sur l'armée seule
et l'Etat, les particuliers restent étrangers au conflit,
totalement libres de disposer d'eux-mêmes et de
leurs biens. Les avantages dont les étrangers ont
pu jouir pendant la paix subsistent, à l'exception
toutefois de ceux en relation directe avec la guerre
et de ceux là seulement.

Quelle belle théorie ! Mais dans quelle mesure est-
elle réalisable ? Si, à la rigueur, ce qui serait presque
impossible à cause des moyens dont disposent actuellement les belligérants, on pouvait éviter les dommages matériels résultant pour les non-combattants
de la captivité, du siège ou des destructions, comment leur éviter les dommages moraux ou pécuniaires
que leur causeront seulement la mort des soldats,
lorsque le service militaire est obligatoire ?

Comment pourra-t-on justifier les dommages indi-
rects, les ruines des particuliers, par exemple, qui
ne sont que la conséquence de celle de l'Etat dont
ils sont les ressortissants ?

Comment pourra-t-on enfin justifier les dommages
directs, les souffrances, les misères dont ils seront
les victimes involontaires, des bombardements légi-

____

(1) Rousseau : *Contrat social*, livre I, chapitre IV.

times de places fortes peuvent atteindre des pro
priétés privées, s'ils n'atteignent pas les habitants
déjà évacués.

Aussi est-on à regret, et malgré soi, contraint de
faire un pas en arrière, d'abandonner Rousseau pour
revenir à la conception anglo-saxonne, plus rationnelle, établie en quelque sorte sur un terrain plus
stable et plus réel. En effet : « Y a-t-il une seule guerre
où ces principes (ceux du *Contrat social*) aient été
respectés? Y en a-t-il une où ils puissent l'être, une
guerre sans réquisitions, sans bombardements et
sans destructions? Pourquoi poser alors des principes dont la nature même du conflit est la négation
la plus absolue».

Jamais la guerre ne s'est bornée, ni sur terre, ni sur
mer, à la seule lutte entre forces armées, et jamais
elle ne pourra y être bornée. S'il est vrai que « la
guerre est une relation d'Etat à Etat », une paix
faite de garanties mutuelles ne peut pourtant régner
entre les sujets de deux Etats en lutte.

La désorganisation militaire ne suffit pas, en effet,
pour décider l'un des deux combattants à s'avouer
vaincu; la désorganisation économique et politique
l'y obligera rapidement, et celle-ci dépend presque
uniquement des non-combattants.

Il y a maintenant, dans une guerre, trop d'intérêts
rivaux en jeu pour que les particuliers puissent s'en
désintéresser; intérêts pécuniaires, la défaite entraî-
nant souvent la ruine de la nation vaincue, ils en
subiront le choc; intérêts moraux auxquels ils ne
peuvent demeurer indifférents, il y a des mots qui

les font vibrer; malgré toute l'horreur que pouvait inspirer la guerre en 1914, l'ensemble parfait, l'union intime, l' « union sacrée » se fit à l'appel de la Patrie en danger, et l'effort constant de toutes les volontés, des hommes de tous les partis, tendit à aboutir au succès de nos armes.

Le retour à la théorie anglo-saxonne, qui constitue pourtant un recul du droit des gens, n'a même pas suffi aux Allemands, et ceux-ci, durant la guerre de 1914-1918, n'ont pas cessé de violer les lois les plus formelles du droit international (1).

« La Force prime le Droit », clamait déjà Bismark; Schopenhauer, se faisant le porte-parole de la Kultur germanique, est plus cynique encore : « Dans le monde de l'homme comme dans le monde animal, ce qui règne, c'est la force et non le droit. Le droit n'est que la mesure de la puissance de chacun ».

Et, comme le constate M. Renault (2), il est alors « facile de dire, *inter arma silent leges*, ou, comme le font les Allemands en réponse aux victimes de leurs atrocités : Krieg est Krieg. La guerre autorise tout et dispense de toute justification; il suffit d'être vainqueur ». Quelle triste conclusion !

Bluntschli avait cependant résolu le problème de tout autre façon, dans l'article 529 de son Droit international codifié (3). « La guerre n'abroge pas le droit même entre les Etats belligérants, mais

---

(1) En ce sens : *Traité de Droit international*, Fauchille, p. 51.
(2) *Revue pénitentiaire et de Droit pénal*, avril-mai 1915, p. 407
(3) Traduction Lardy, p. 297.

elle modifie les droits et la position réciproque», disait-il.

Ce qui n'a pas empêché les Allemands, en violation de tous les principes juridiques, de mener une guerre de destruction et de ruine, tandis que nous nous sommes efforcés de concilier les nécessités militaires avec le respect de la justice et du droit, car, ainsi que l'a dit Fénelon, dans l'*Examen de conscience d'un Roi* : « Il y a des lois de la guerre qu'il ne faut pas regarder moins religieusement que celles de la paix ».

La théorie anglo-saxonne nous permettra sans difficulté cette conciliation, ainsi que la justification des moyens employés pour arriver au retour à la paix.

Loin d'être un état ajuridique, la guerre est soumise à de nombreuses règles qui n'entrent en vigueur que du fait du conflit ; les Allemands en ont fait bon marché, nous nous y sommes conformés autant que faire se pouvait en face de leur mauvaise foi évidente, cela nous a valu fort probablement l'aide de nations restées longtemps étrangères à la lutte.

Si les non-combattants et la propriété privée ne doivent pas souffrir de la guerre, la théorie anglo-saxonne justifie cependant les mesures prises contre les ressortissants ennemis restés sur le territoire de l'adversaire, par le seul fait qu'ils sont des ennemis.

L'État, pour sa propre sécurité, doit en effet prendre des précautions contre les individus susceptibles de lui nuire, c'est le cas des sujets ennemis. S'ils demeurent absolument libres, ils peuvent tout

à leur aise faire de l'espionnage, aussi leur évacuation
du théâtre des hostilités sera-t-elle légitime; elle
sera plus légitime encore hors des pays sur le point
d'être occupés.

S'ils demeurent absolument libres, ils s'efforce-
ront d'aider leur nation de toute leur capacité morale;
or, nous avons vu l'importance de cet appoint moral,
qui a fait dire à Ludendorf, dans ses mémoires :
« C'est le moral de la nation allemande qui a fait
perdre la guerre ». Nous avons été victimes, nos
alliés et nous-mêmes, d'une campagne démoralisa-
trice dont nous avons pu juger les effets de 1914
à 1918.

Nul ne saurait donc blâmer un Etat, lorsqu'il
prend des mesures énergiques pour empêcher un
serpent de le mordre dans son propre sein, en s'in-
géniant à neutraliser ses manœuvres.

S'ils demeurent libres enfin, les sujets ennemis
commerceront et ce, au profit de leur propre nation,
dont ils accroîtront les ressources de tous leurs
apports financiers, il faut encore les en empêcher.
C'est dans ce but seul que l'on pourra modifier le
statut de leurs biens, après avoir pris toutes les
mesures destinées à leur conservation.

Cette réglementation s'était imposée plus strictement encore aux alliés, dans une guerre où le blocus
économique était appelé à jouer un rôle considérable. L'argent en fut plus que jamais le nerf; aussi
fut-il important de veiller à mettre les ennemis
restés sur notre territoire dans l'impossibilité de
profiter de nos propres ressources, de développer

grâce à ces ressources, la puissance économique de leur nation, car cette puissance économique est l'élément essentiel de la puissance militaire (1).

C'est donc avec raison que fut limité l'exercice de leurs libertés individuelles et de leur activité économique.

Ce sont les mesures restrictives imposées aux ressortissants ennemis non-combattants, demeurés sur notre territoire durant la guerre de 1914 à 1918, que nous nous proposons d'étudier; dans un livre premier, nous examinerons le statut de leur personne, et, dans le livre deuxième, la condition faite à leurs biens.

---

(1) En ce sens : *op. cit.* par Charles Dupuis. — *Droit de la Guerre maritime*, Paris, 1911, p. 61.

LIVRE PREMIER

Statut des personnes

INTRODUCTION

L'homme possède des droits inhérents à la personnalité humaine, droits innés et fondamentaux qui sont indispensables à son existence; où qu'il fixe sa résidence, ces droits doivent être respectés par tous et de tous sans distinction de nationalité ou d'origine.

De la liberté de circuler résulte pour lui le droit de choisir sa nationalité, sa résidence, et aussi le droit d'émigration.

De l'instinct de conservation découle le droit de conserver, de défendre et de développer sa personne physique.

Et de ces libertés essentielles sont tirés les grands principes du droit international public, le droit à la propriété et le respect qui lui est dû, le droit de commerce international garanti à son origine par les lois sur l'hospitalité, enfin le droit au mariage.

Comme corollaire du libre développement de sa personne physique, le libre développement de sa personne morale et intellectuelle est également indis pensable à son existence, la liberté de pensée engendre alors la liberté de conscience (1), le droit à la sauve garde de son honneur, etc.

Pourtant, bien que primordiaux ces droits, même en temps de paix, sont dans chaque pays réglés par la législation interne qui en limite plus ou moins l'exercice, car les étrangers demeurent toujours et en tous lieux soumis aux lois territoriales de police et de sûreté de l'Etat (2).

Aussi cette réglementation se fait-elle nécessairement plus rigoureuse en temps de guerre envers les étrangers devenus des ennemis et même envers les neutres : tous peuvent, en effet, être dangereux pour la sécurité nationale. Pour remédier aux dangers, nous avons dû apporter d'importantes restrictions à leurs libertés individuelles, ainsi que nous l'exposerons au début du chapitre Ier (p. 23) et les modifications à leur égard des lois en vigueur s'imposera d'autant plus que les libertés individuelles des nationaux eux-mêmes ont été restreintes (liberté de la presse, de la correspondance, de circuler, etc.).

Mais la guerre n'abolit pas pour autant, *ipso facto*, le droit commun et les libertés individuelles ; les étrangers ennemis, même après l'ouverture des hostilités, doivent encore être traités avec loyauté, justice et ménagements ; leur vie, leur honneur et leurs biens sont inviolables ; on réglementera plus étroitement

-----

(1) Pasquale Fiore : *op. cit.*, livre I, art. 31, dans Heffter : *Droit international de l'Europe*, 1875, § 58, p. 117.

(2) Loi du 20 mars 1914, confirmée par le décret du 2 août 1914.

le régime auquel ils sont soumis, et il n'y aura rien d'illicite à ces modifications, car, selon l'expression de Montesquieu : « Il y a des cas où il faut mettre, pour un moment, un voile sur la statue de la liberté ».

C'est, en réalité, toute une législation nouvelle qui s'appliquera. Qu'elle s'appelle législation de prévoyance ou état de siège, système français de lois préparées à l'avance, à tête reposée, qu'on peut appliquer dès que besoin est ; législation de circonstance dont les lois créées à cause et par suite des événements y semblent mieux adaptées, mais sont aussi plus désordonnées, pouvant aller, comme l'a fait la législation anglaise durant la guerre de 1914 à 1918, jusqu'à violer la légalité ; ou qu'on adopte enfin le système prussien de la Constitution de 1850, repris par l'Autriche en 1864, dit des « Ordonnances de nécessité », qui constitue une substitution légale de pouvoir (dont Bismark a fait un fréquent usage de 1865 à 1868), système mixte qui permet au pouvoir exécutif, lorsque les Chambres ne sont pas en session, or, il peut ne pas les réunir, de devenir de plein droit législatif, ce sous certaines conditions secondaires ; système peu libéral et surtout très arbitraire, mais qui, cependant, est légitime. Pendant la guerre mondiale, il n'y a presque pas eu de lois (*gesetze*) en Allemagne ; le Reichstag, en vertu de la loi du 4 août 1914, a abdiqué presque tout pouvoir en faveur du Bundesrath, qui a rendu des ordonnances de nécessité (*Bekanntmachungen*).

Tous ces systèmes de droit public s'efforcent à sauvegarder la défense nationale, à prémunir l'Etat contre les agissements de tous les individus présentant un danger pour la sécurité nationale. L'application et l'étendue des mesures prises varient selon les pays; ce sont les modifications apportées à notre législation pendant la guerre de 1914-1918 que nous allons étudier dans ce livre Ier.

Et, dans un chapitre Ier, nous examinerons les restrictions apportées au droit de circuler librement.

Dans un chapitre II, celles imposées à la liberté de contracter et de commercer.

Et, dans un dernier chapitre, en conséquence de ces restrictions, l'interdiction d'ester en justice.

CHAPITRE PREMIER

STATUT DES PERSONNES EN FRANCE

En temps de paix, l'étranger qui est autorisé à pénétrer sur le territoire d'une autre nation, qui est autorisé à y résider, y jouit de tous les avantages que nous avons brièvement exposés.

Il peut y entrer, y circuler, y commercer et en sortir librement. Il peut y acquérir des meubles et même des immeubles, et ce, sous la garantie de l'Etat qui lui a permis d'accéder sur son sol.

Mais, avec la guerre, tout change.

Dans l'antiquité, le sort des ennemis non-combattants était facilement réglé ; ils étaient tout simplement réduits en esclavage, incarcérés ou supprimés.

Au moyen âge, les anciens publicistes les considéraient encore comme des prisonniers de guerre ; Grotius, à l'appui de cette thèse, rapporte des exemples tirés de l'antiquité (1).

Bynkershoek admet toujours ce droit, mais fait observer qu'il n'est plus que rarement exercé de son temps (2).

---

(1) *Op. cit.*, livre III, chapitre IX, § 4.
(2) *Quaestiones juris publicis*, livre I, chapitre III.

Vattel, dès 1758, estime que l'Etat doit, avant d'employer ces mesures, laisser aux sujets ennemis le temps matériel de s'éloigner, après avoir mis leurs affaires en ordre. « Ils sont venus chez lui sous la foi publique; en leur permettant d'entrer dans ses terres et d'y séjourner, il leur a promis tacitement toute liberté et toute sûreté pour le retour. » Mais, s'ils ne profitent pas du délai qui leur est accordé, on peut alors « les traiter en ennemis, toutefois en ennemis désarmés » (1).

Dès le xviie siècle, la France accorda un délai allant de trois mois à deux ans et, dans une proclamation du 1er février 1866, Louis XIV donna un délai de trois mois aux Anglais pour se retirer avec leurs marchandises.

Napoléon cependant décréta, le 22 mai 1813, l'arrestation et la détention de tous les Anglais résidant en France, âgés de 18 à 60 ans. Bien que ce fût en représailles de la confiscation des navires français avant toute déclaration de guerre préalable, Travers-Twiss ne manque pas de signaler cet abus (2).

Si l'on appliquait, par contre, à la lettre la théorie de Rousseau, le statut des étrangers même ennemis ne subirait, du fait de la guerre, presque aucun changement, entrés librement dans un pays, ils pourraient y demeurer sans y être inquiétés; or, nous

---

(1) Vattel : *Le Droit des Gens*, livre III, chapitre IV, p. 63.
(2) Travers Twiss : *Droit des Gens*, t. III, p. 90.

avons vu le danger de l'application rigoureuse de cette conception.

La théorie anglo-saxonne, au contraire, conserve une partie de ces avantages; elle adoucit la guerre en en écartant les violences inutiles, mais elle ne présente plus le même gros danger, car elle permet de prendre, contre les sujets ennemis, même non-combattants et contre leurs biens, les mesures nécessaires pour se protéger.

On les autorisera peut-être à quitter le territoire; s'ils ne le font pas, leur vie sera toujours respectée; ils garderont les droits considérés comme essentiels et primordiaux, mais là se borneront à leur égard les devoirs de la nation qui les abrite. Et cette nation pourra alors prendre toutes dispositions utiles, afin de les mettre dans l'impossibilité de lui porter préjudice; elle pourra exiger d'eux certaines garanties, s'ils les fournissent, ils seront autorisés à résider au moyen des permis de séjour; si, au contraire, ils n'observent pas les règles qu'on avait le droit et même le devoir de leur imposer, ils seront internés et on pourra même aller jusqu'à les expulser.

La conception anglo-saxonne, et c'est là son grand intérêt, grâce aux mesures restrictives qui peuvent en résulter, permet donc à l'Etat qui l'adopte de jouir d'une plus grande sécurité et d'une protection plus efficace à l'égard des ressortissants ennemis; c'est son application en France, et quant aux personnes durant la guerre de 1914 à 1918, que nous allons étudier dans ce chapitre Ier.

§ 1er. — Des passeports

De violentes critiques ont été jadis portées contre la liberté laissée aux sujets ennemis de s'éloigner après la déclaration de guerre.

La nation qui leur permet à tous indistinctement, quelque soit leur âge et leur sexe, de regagner leur pays, rend, sans aucun doute, des soldats à leur patrie, consent à l'incorporation de combattants contre elle-même; soldats qui, par la connaissance de la langue, des habitudes, de la configuration géographique et, en général, de tout ce qui touche à la nation qu'ils quittent, sont pour elle d'autant plus dangereux. Aussi, en bonne logique, devrait-on au moins refuser cette mesure bienveillante à tous les ennemis susceptibles de prendre les armes.

C'est cependant la solution inverse, déjà adoptée en 1870, qui a prévalu et qu'on semble considérer actuellement comme une règle de droit; c'est peut-être la solution rationnelle; on la justifie en montrant les risques qui résultent, pour la sûreté de l'Etat, de la présence de sujets ennemis retenus malgré eux, cherchant à nuire par tous les moyens et qui, partant, devraient faire l'objet d'une surveillance constante, difficile et coûteuse; et on ne manque pas de faire ressortir également que ce serait s'exposer aux représailles de la nation ennemie.

Pourtant si, en 1914, application en a été faite, ce ne fut que très-temporairement; un décret du 2 août 1914 a prescrit aux Allemands et aux Austro-

Hongrois d'évacuer les régions nord-est et sud-est, ainsi que les camps retranchés de Paris et de Lyon, et les a, en effet, autorisés à quitter le territoire français dans les vingt-quatre heures. Mais, faute par eux de l'avoir fait dans ce court délai, ils furent groupés dans l'intérieur du pays aux endroits où la surveillance était la plus aisée, groupements légitimes, car, du seul fait que ces sujets ennemis étaient demeurés chez nous, résultait implicitement qu'ils acceptaient toutes les mesures qu'il serait nécessaire de leur imposer.

La première fut l'exigence des passeports pour toutes les personnes désirant sortir de France. L'origine des passeports remonte à la loi du 23 messidor an III, précisée ensuite par une loi du 28 vendémiaire an VI.

Des passeports à la sortie furent exigés dès le 3 août 1914 (1); ils furent refusés à tous les sujets allemands sans aucune exception, à partir du 1er septembre, tandis que les sujets austro-hongrois pouvaient encore en obtenir même après ce délai, mais après avis du Ministre de l'Intérieur.

Pour faciliter le contrôle des sujets ennemis, la loi du 8 août 1914 imposa la déclaration de résidence à tous les étrangers se trouvant en France, et la délivrance des passeports à la sortie fut centralisée à Paris, entre les mains du préfet de police, et dans

____

(1) Décret du 3 août 1914, en application de la loi du 16 juin 1888. Les passeports doivent être conformés au modèle établi par la loi du 17 novembre 1909.

les départements, entre celle du préfet (1). S'ils ne sont pas munis de passeports en règle, tous les voyageurs doivent être arrêtés à la frontière.

Enfin, la répression des fraudes fut rigoureuse, toute fausse désignation dans un passeport au profit d'un ennemi tombait sous le coup de l'article 153 du Code pénal et constituait, en outre, un délit portant atteinte à la défense nationale (2), dont la répression était très sévère.

Par l'interdiction de sortie, la France voulait se préserver des indiscrétions et des dangers résultant du retour des sujets ennemis dans leur patrie; pour se garantir contre la pénétration sur notre territoire d'autres ennemis indésirables, des passeports à l'entrée, émanant des autorités diplomatiques ou consulaires, furent rigoureusement exigés; nos nationaux eux-mêmes durent se conformer à cette obligation. Cette exigence permit aisément l'application de l'interdiction d'entrée dont étaient frappés tous les sujets ennemis.

§ 2. — Permis de séjour

Tous les ennemis, nous l'avons vu, n'ont pas été obligés de quitter le territoire; il faut alors régler le sort de ceux qui n'ont pas bénéficié de cette faculté.

------

(1) Circulaire du Ministre de l'Intérieur du 4 mars 1915, confirmée par celle du 11 juin 1915.
(2) Cour de Toulouse, 1ᵉʳ juillet 1915; Clunet, 1915, p. 622.

Certains, dit l'article 3 du décret du 2 août 1914, peuvent être autorisés à y maintenir leur résidence; ils devront, au préalable, faire la déclaration prescrite par le décret du 2 octobre 1888, et sous certaines conditions prévues par les décrets des 14 août et 27 septembre 1914, l'autorité administrative, qui est désormais seule compétente en la matière, pourra leur délivrer des permis de séjour.

L'origine des permis de séjour remonte à l'an IV; il furent créés par un décret du 21 floréal, qui en prévoit l'octroi par le Directoire exécutif pour les personnes utiles à la République; un arrêté important du 12 messidor an VIII (période consulaire), qui a reçu application le 4 août 1870, donne au préfet de police de Paris le droit de délivrer des passeports aux étrangers et d'accorder des permis de séjour.

Le permis de séjour est une simple autorisation de résider, pure faveur tout à fait individuelle, qui est octroyée facultativement et qui n'implique pas du tout la liberté de circuler sur le territoire. Cette liberté est restreinte pour les nationaux eux-mêmes qui ne peuvent, en vertu de l'article 3, § 2, du décret du 2 août 1914, se déplacer que munis d'un sauf-conduit qui équivaut pour eux à un passeport et qui est soumis aux mêmes pénalités en cas d'usage de faux (1).

Les permis de séjour sont accordés, après examen par le Gouvernement des motifs de la demande, en considération de la défense nationale; cet examen

____

(1) Cour de Toulouse, 1er juillet 1915, précité.

fut confié, au début, à une commission nommée en novembre 1914 par les Ministres de la Guerre et de l'Intérieur; elle fut remplacée, dès le mois de décembre, par une autre commission nommée par le Président du Conseil; enfin, en dernier lieu, par une troisième qui a été réunie aux deux autres.

Seront admis au bénéfice de cette faveur :

1º Tous les individus qui s'engageront. Puisqu'ils peuvent être naturalisés sans condition de résidence, l'autorisation de séjourner est implicite en vertu de l'article 3 de la loi du 5 août 1914, confirmé par les articles 1 et 2 de la loi du 9 août 1914, laquelle ajoute à cette catégorie ceux qui ont servi plus d'une année à la légion étrangère.

2º Les Alsaciens-Lorrains, admis au bénéfice de la réintégration dans la nationalité française. Tant que le décret prononçant cette réintégration n'était pas intervenu, ils étaient autorisés à résider et pourvus de permis de séjour; leur carte tricolore leur servait alors de pièce d'identité.

3º Furent admis à jouir de la même faveur les Polonais et les Tchèques, considérés comme soumis malgré eux au joug ennemi.

4º Les Ottomans qui, bien qu'ennemis en fait, étaient soumis à un régime spécial encore atténué pour les Syriens, les Maronites et les Arméniens, et ce pour des raisons d'ordre politique, diplomatique et économique. Ils furent d'abord internés; puis, à partir du 6 novembre 1914, la direction de la Sûreté générale permit de leur délivrer des laissez-passer ou des permis de circuler. Ensuite, une circulaire du

14 novembre 1914 informe les préfets qu'ils peuvent leur accorder des permis de séjour, mais pas de sauf-conduits, pour circuler dans l'intérieur du pays.

Dans la suite, ils purent cependant en obtenir par la préfecture ou, à son défaut, par la direction de la Sûreté générale, lorsqu'ils faisaient valoir des motifs légitimes.

Et, à partir du 7 janvier 1915, la qualité de protégé français fut mentionnée sur leur permis de séjour.

5° Ont enfin joui de cette faveur et, en conséquence, été autorisés à résider, les sujets ennemis qui avaient un ou plusieurs enfants sous les drapeaux français ou qui l'avaient méritée en rendant des services exceptionnels à la France.

Les permis de séjour furent généralement assez parcimonieusement accordés; les exceptions que nous avons exposées se légitiment aisément, tantôt pour des raisons d'ordre diplomatique ou politique, tantôt d'ordre économique. Elles présentèrent d'autant moins de dangers, qu'elles furent l'objet d'examens sérieux de la part du Gouvernement, qui resta libre d'en apprécier la légitimité, de les accorder, de les refuser et même de les retirer après les avoir accordées.

D'ailleurs, il ne faut pas perdre de vue que le permis de séjour est une pure autorisation administrative de séjourner, et rien de plus, qui « ne peut, à aucun titre... relever son détenteur des incapacités juridiques dont il est frappé par un texte formel » (1).

____

(1) Reulos, p. 326.

Les dangers que les détenteurs de permis de séjour pourraient présenter sont ainsi extrêmement réduits.

§ 3. — Camp de concentration

Lorsque les sujets ennemis n'ont pas quitté le territoire, et que les permis de séjour leur ont été refusés, les mesures prises à leur égard sont plus sévères, ce qui est tout à fait justifié, car ils sont considérés, de ce seul fait, comme suspects et doivent être l'objet d'une surveillance plus rigoureuse.

On eut alors recours à un système ingénieux et nouveau, qui est celui dénommé à tort du camp de concentration.

Dès le 2 août 1914, des mesures ont été prises, nous l'avons vu, pour éloigner des frontières, des places fortes et des camps retranchés, les ennemis qui n'ont pas profité de la faculté de sortir du territoire. Ils furent groupés dans l'intérieur du pays, où du travail devait leur être donné dans la mesure des possibilités (1).

La loi du 5 août 1914 (art. 1) prévoit le logement de ces sujets ennemis par voie de réquisition militaire, laquelle peut déléguer ses droits à l'autorité civile. L'autorité compétente doit, en tout cas, subvenir au logement, à la nourriture, au chauffage et, en cas de maladie, au traitement de ces sujets.

Ces groupements se généralisèrent ensuite pour

____

(1) Décret du 2 août 1914, art. 2.

tous les ennemis non munis de permis de séjour,
et furent dénommés à tort groupement dans des
camps de concentration. Jamais il n'y eut de camps
proprement dits, mais seulement réunion dans des
locaux collectifs, avec interdiction de loger en ville,
dans le but d'en faciliter la surveillance.

On distingua, au début, divers groupements :

1o Personnes d'une classe plus élevée;

2o Hommes valides susceptibles d'être mobilisés;

3o Personnes suspectes et dangereuses pour la
défense nationale ou condamnés de droit commun;

4o Les filles publiques.

Et chaque groupement fut logé dans des dépôts
spéciaux.

Le décret du 12 septembre 1914 chargea ensuite
les préfets, par extension de leurs pouvoirs de police,
d'établir le classement de la manière suivante :

1o Hommes mobilisables de 17 à 60 ans;

2o Notables susceptibles d'être otages;

3o Personnes suspectes soumises à un régime
        spécial;

4o Femmes, enfants et vieillards qui, par voie
d'échange, pourront rentrer chez eux.

Exceptionnellement, et en fournissant de sérieuses
garanties, certains sujets ennemis peuvent être autorisés à loger en ville.

Le choix des camps de concentration fut, en général,
judicieusement fait; quelques-uns furent très con-
fortables, tel celui de Châteauroux-Bitray (1). En

____

(1) *Le Temps*, 1er février 1915.

principe, les hommes et les femmes furent séparés; quant aux enfants, on leur donna des soins particuliers.

Le travail n'a pas été obligatoire pour les internés, par suite de conventions internationales (1); mais on a prévu, pour les occuper, des ateliers de toutes natures; l'autorisation de travailler au dehors leur fut rarement accordée, pour ne pas compliquer la surveillance et parce que nos nationaux s'élevèrent contre la concurrence (2).

Les internés n'ont évidemment pas le droit de correspondre librement. La circulaire télégraphique du 15 avril 1915, du Ministre de l'Intérieur, en représailles du régime institué par les Allemands, ne les autorise à expédier qu'une seule lettre ou carte par semaine, écrite en français et remise ouverte au commandant du camp; toutes celles qui leur sont adressées leur sont également remises ouvertes, après avoir été contrôlées par lui; exceptions faites cependant : 1° pour les femmes qui ont volontairement accompagné leur mari, comme n'ayant pas été personnellement en cause; 2° et pour les rapports avec l'ambassade des États-Unis, chargée de la défense des intérêts allemands en France; dans ces deux cas, le nombre des lettres tolérées est de trois.

Toute la correspondance y jouit de la franchise postale, en vertu de l'ordonnance précitée.

------

(1) Il ne nous est pas possible de donner de détails sur ces conventions pour la raison donnée page 33, note 1.

(2) Réponse de M. le Ministre de l'Intérieur à M. le député Moutet. — Clunet, 1916, p. 864, question 367.

L'usage du télégraphe est absolument interdit aux internés.

Ils peuvent recevoir de l'argent, sans pouvoir, toutefois, en jouir librement; ils ne peuvent disposer que de 20 francs au plus par semaine.

Et toutes les infractions à ces prescriptions sont punies de sanctions disciplinaires sévères.

Les rapports des internés avec le commandant du camp sont réglés par un comité des internés choisi par eux et parmi eux, et ce comité est, en outre, chargé de l'administration du camp. Il fait l'office de bureau de renseignement et remplit en même temps le rôle de juge de paix, cherchant à concilier les conflits entre internés avant de les porter devant le chef du dépôt.

Puis, la guerre se prolongeant, des accords intervinrent entre les pays belligérants pour le rapatriement de certaines catégories d'internés (1).

En dernier lieu, l'accord franco-allemand du 26 avril 1918 décida qu'aucun civil allemand ne pouvait plus en principe être interné et que ceux qui l'étaient, devaient être renvoyés en Suisse. S'ils refusaient, ils pouvaient alors ou bien être expulsés ou bien autorisés à résider dans des localités déterminées et soumis à la surveillance de la police.

---

(1) Réponse du Ministre de la Guerre au député Bonnefous, 11 mai 1915. — Clunet, 1915, p. 573.

Le 16 juillet 1923, en réponse à une demande de renseignements que nous avons fait adresser au Ministère de l'Intérieur, M. Maunoury, ministre de l'Intérieur, a fait « connaître que l'administration ne pouvait fournir ces renseignements à un particulier ».

Les sujets ennemis essayèrent d'échapper à ces mesures de police, d'interdiction de résidence ou d'envoi dans des localités déterminées.

Le premier moyen auquel ils auraient pu songer était la naturalisation ; l'article 3 d'une loi du 5 août 1914 interdit, avant la signature de la paix, la naturalisation de tous les étrangers, à l'exception de ceux qui s'engageraient dans notre armée pour la durée de la guerre. Comme une loi du même jour refuse cette possibilité aux sujets ennemis, l'avenir est garanti.

Mais que décider pour les sujets ennemis déjà naturalisés ? En vertu de la loi allemande du 1er juin 1870, et surtout de la loi Delbrück du 22 juillet 1913, dont l'article 25, § 2, décide que : « Ne perd pas sa nationalité d'Allemand qui, avant l'acquisition d'une nationalité étrangère, aura obtenu sur sa demande, de l'autorité compétente de son Etat d'origine, l'autorisation écrite de conserver sa nationalité »; ils pouvaient, malgré cette naturalisation, rester Allemands aux yeux de leur patrie.

Beaucoup d'Allemands avaient profité des facilités de notre législation en matière de naturalisation, ils pouvaient alors jouir chez nous des avantages que leur conférait la nationalité française, tout en continuant à servir de leur mieux leur *Vaterland*, auquel ils restaient attachés.

Et pourtant, Bluntschli lui-même a soutenu que l'existence d'une double nationalité constitue une violation du droit international. C'est, en effet, un obstacle aux bonnes relations qui doivent exister entre les peuples, sans préjudice des dangers que de tels naturalisés présentent en cas de guerre ou d'envahissement de son territoire pour la nation trop généreuse qui les a acceptés dans son sein.

Il fallut recourir à des moyens énergiques pour empêcher ces sujets, doublement dangereux, d'échapper aux mesures dont ils étaient l'objet, eux et leurs biens (1).

L'article 17, §§ 1 et 4 du Code civil, prévoit quelques cas de déchéance de la nationalité française, c'est à ce procédé que l'on eut recours.

Mais ces cas de déchéance, prévus par le Code civil, étaient insuffisants pour le temps de guerre.

Et une première loi du 7 avril 1915 établit dans son article 1, § 1 :

1º Une déchéance facultative pour l'étranger d'une puissance en guerre avec la France, naturalisé chez nous, « lorsqu'il aura conservé la nationalité de son pays d'origine ou du pays dans lequel il a été antérieurement naturalisé »;

2º La déchéance est obligatoirement prononcée (art. 1, § 2), si le naturalisé a recouvré une nationalité antérieure ou acquis une autre nationalité; s'il a,

---

(1) La question s'est posée souvent pour des Allemands invoquant leur naturalisation, pour éviter les mesures prises contre les biens.

Trib. civ. Seine, 13 juin 1915; 13 juil. 1915; R. D. I. P., privé 1915-1916, p. 67.

Trib. civ. Cosnes, 2 avril 1915; référé 2 juillet 1915, confirmé par Cour d'appel Bourges, R. D. I. P., 1915-1916, p. 509.

Trib. civ. Seine, 1er février 1916; R. D. I. P., 1915-1916, p. 247.

soit porté les armes contre la France, soit quitté le territoire français pour se soustraire à une obligation d'ordre militaire; soit, enfin, si directement ou indirectement il a prêté ou tenté de prêter contre la France, en vue ou à l'occasion de la guerre, une aide quelconque à une puissance ennemie.

La déchéance était prononcée par décret rendu après avis du Conseil d'Etat et sauf recours au contentieux devant cette juridiction. Le décret portant retrait de la naturalisation fixait le point de départ de ses effets, sans toutefois pouvoir les faire remonter au-delà de la déclaration de guerre.

Pour que la loi fût efficace, on révisa « toutes les naturalisations accordées postérieurement au 1er janvier 1913, à des sujets ou anciens sujets de puissances en guerre avec la France ». L'article 2 établit ainsi une présomption de fraude pour ces naturalisations tardives en corrélation possible avec la loi Delbrück; pour elles, le retrait est la règle, le maintien l'exception, et les effets de ce retrait remontent de plein droit à la déclaration de guerre.

Cependant, sont exceptés de l'application de cet article les Alsaciens-Lorrains nés avant le 20 mai 1870 ou leurs descendants.

Le retrait ne doit, en aucun cas, préjudicier aux droits des tiers de bonne foi, ni faire échec à l'application des lois pénales.

Ce retrait était toujours personnel (art. 4); mais, dans le même décret ou dans un décret postérieur, il pouvait être étendu à la femme ou aux enfants du naturalisé.

Pour permettre l'unité de patrie dans la famille, l'article 5 laissait à la femme majeure la faculté de décliner la nationalité française dans le délai d'un an, à compter de l'insertion du retrait au *Journal officiel*; pour la femme mineure et pour les enfants, ce délai ne commençait à courir qu'après leur majorité. C'est à tort, selon nous, à cause de l'opposition de sentiments qui pouvait exister entre le représentant légal, objet d'un retrait de naturalisation, et les enfants mineurs, que, par application de l'article 9 du Code civil, on avait permis à ce représentant légal de renoncer pour les mineurs au bénéfice de la nationalité française (art. 5, § 2). Il eût été préférable, dans tous les cas, de surseoir jusqu'à leur majorité et de leur laisser à eux-mêmes le soin d'y renoncer.

L'article 6 interdisait, cette fois formellement, toute naturalisation de sujets ennemis.

En vertu de l'article 7, la loi devait encore être applicable deux ans après la signature de la paix.

Les conditions d'application en étaient réglées par le décret du 24 avril 1915.

Cette loi était encore insuffisante, aussi fut-elle remplacée par celle du 18 juin 1917, qui ne la modifiait en rien, mais précisait seulement, ainsi que nous le verrons plus loin, les causes de déchéance.

Ce qui différait entre ces deux textes:

C'était, en premier lieu, que la loi du 18 juin 1917 consacrait le retour au droit commun en matière de naturalisation, au lieu du droit commun spécial institué par la loi du 7 avril 1915, et rendait à l'autorité judiciaire la mission de prononcer la déchéance.

En confiant ce pouvoir à l'autorité administrative, la loi du 7 avril 1915, essentiellement de circonstance, avait voulu permettre de prendre des mesures plus rapides et plus énergiques, en centralisant entre les mains de cette autorité tout ce qui concernait les questions de nationalité des sujets ennemis; celle du 18 juin 1917, en remettant ce pouvoir à l'autorité judiciaire, rétablissait un régime peut-être moins arbitraire, mais, par contre, plus lent, dont les dangers, il est vrai, étaient amoindris, les mesures n'ayant plus le même caractère d'urgence.

C'était, en second lieu, que ce nouveau texte élargissait considérablement et à juste titre le domaine des cas de naturalisation à réviser.

Il ne distinguait plus entre les naturalisations antérieures ou postérieures à l'année 1913; celles antérieures n'étaient pas moins à redouter que les autres et leur revision était absolument nécessaire, puisque les sujets ennemis qui en avaient bénéficié, avaient pu, malgré tout, profiter aussi des avantages de la loi Delbrück.

L'article 1er ne faisait que renouveler les termes du même article de la précédente loi, en les détaillant davantage.

1º La déchéance était facultative pour celui qui, depuis la guerre, avait « dans son pays d'origine, soit fait un ou plusieurs séjours, soit acquis des propriétés, soit participé à des entreprises agricoles, financières, commerciales ou industrielles, soit possédé un domicile ou une résidence durable et à l'égard duquel existeront, en outre des présomptions précises et concordantes résultant de manifestations extérieures, de la persistance de son attachement à ce pays».

Il suffisait pour la faire prononcer que, d'après la législation de ce pays, le naturalisé eût conservé son ancienne nationalité, sans se préoccuper des conditions de fait.

2° La déchéance était obligatoire dans les mêmes cas que sous l'empire de la loi du 7 avril 1915, et « sera réputé avoir quitté le territoire français pour se soustraire à une obligation d'ordre militaire, le naturalisé qui, n'ayant pas répondu à l'ordre de mobilisation, aura été déclaré insoumis et aura disparu de son domicile ou de sa résidence. Si la déclaration d'insoumission est rapportée, la réintégration dans la qualité de Français est ordonnée sans délai par le Tribunal civil, sur requête du procureur de la République.

« Sera considéré comme ayant prêté ou tenté de prêter une aide quelconque à une puissance ennemie, le naturalisé qui aura, soit contrevenu aux dispositions des lois, règlements et prohibitions édictées en vue ou à l'occasion de la guerre, soit mis obstacle ou tenté de mettre obstacle aux mesures ordonnées dans l'intérêt de la défense nationale.»

Point n'était besoin de se soucier de la législation du pays d'origine, si une des conditions prévues dans le § 2, ci-dessus rapporté, était réalisée, il y avait une «présomption légale absolue», et le naturalisé serait réputé avoir conservé son ancienne nationalité; mais s'il avait un fils qui combattait ou avait combattu pour la France, la loi renversait en sa faveur le fardeau de la preuve, qui incombait alors au ministère public (1).

L'article 2 fixait la compétence; l'action en déchéance serait intentée devant la Chambre du conseil du Tribunal civil du domicile ou, à son défaut, de la résidence du naturalisé. Pour éviter tout retard, si ce domicile ou cette résidence se trouvait en pays occupé, le président de la Cour d'appel, saisi par le procureur de la République, désignait le Tribunal compétent, et les articles 3, 4, 5 et 6 détaillent longuement toute la procédure.

« Le jugement est prononcé en audience publique» (art. 7) et l'appel est possible pour le naturalisé et pour le ministère public; ils peuvent même se pourvoir en cassation, mais seulement «contre l'arrêt statuant quant au fond» (art. 8).

Le jugement portant déchéance fixait le point de départ de ses effets, sans pouvoir les faire remonter au-delà de la déclaration de guerre et sans qu'ils puissent préjudicier aux tiers, ou faire échec « à l'application des lois pénales sous le coup desquelles le naturalisé serait tombé» (art. 10).

Les articles 11 et 12 reproduisaient les dispositions des articles 4 et 5 de la loi du 7 avril 1915, quant à la femme et aux enfants.

Au lieu d'être limités à deux années après la signature de la paix, les effets de cette loi devaient

____

(1) Voir rapport de M. Lérédu à la Chambre des Députés, le 6 mars 1917. — *J. O.*, 7 mars 1917, p. 588.

subsister durant les cinq années qui suivaient le décret de cessation des hostilités.

Les femmes avaient en outre, en vertu de l'article 12 du Code civil (1), un autre moyen bien plus commode de se soustraire à toute la législation en vigueur contre les nationaux ennemis, et d'obtenir, de plein droit, la nationalité française en épousant tout simplement un Français. La loi du 12 mars 1917 s'est efforcée de faire échec à ce procédé (2), mais en dérogeant formellement à un principe universellement admis en droit international, dérogation qui, partant, ne peut être que temporaire, et qui doit prendre fin aussitôt la cessation des hostilités.

Cette dérogation, est cependant légitimée par les dangers de la situation. M. Clunet, dans le *Temps* (3), cite l'exemple d'une Allemande ayant épousé un inspecteur de la sûreté, et celui d'une autre Allemande qui, mariée à un Français, demanda à être inscrite au Barreau de Paris. Dans une circulaire du 10 mai 1917, le Ministre de la Justice rapporte que « des mariages de pure forme ont parfois été contractés dans ce seul but », quitte à acheter des maris besogneux, dont on se débarrasserait aisément par la suite.

C'est à juste raison que la loi du 12 mars 1917 a subordonné, pour ces étrangères ennemies, l'acquisition de la nationalité du mari à l'autorisation préalable du mariage par le Garde des Sceaux. Cette

(1) « L'étrangère qui aura épousé un Français suivra la condition de son mari ».
(2) Voir étude, dans Clunet, 1917, p. 889.
(3) *Temps*, 4 oct. 1917.

condition *sine qua non* s'applique même aux Alsaciennes-Lorraines, pour lesquelles on montrera la plus grande bienveillance, la production de la carte tricolore suffisant pour faire obtenir l'autorisation.

Les procureurs généraux, en collaboration avec l'autorité administrative, furent chargés des enquêtes. Pour ce faire, ils durent, en premier lieu, recueillir tous les renseignements sur le véritable but du mariage projeté, sur les sentiments de la femme et son attitude, et même sur la situation du mari qui peut, sans aucun doute, « être plus ou moins soupçonné de vouloir se prêter au subterfuge d'un mariage sans caractère sérieux ».

La conception anglo-saxonne, qui autorise l'Etat à prendre toutes les mesures indispensables à sa sécurité nationale, permettra assez facilement de les légitimer, bien qu'elles aient pu quelquefois paraître exhorbitantes.

Grâce à ces précautions supplémentaires pour éviter les fraudes, le système de la concentration a offert les garanties nécessaires pour permettre la surveillance des nombreux ennemis qui se trouvaient sur notre territoire; à la fin de l'année 1915, malgré les rapatriements, on comptait encore environ 45.000 internés en France (1). S'ils n'avaient pas été groupés, comment se serait-on protégé? Le système de la concentration est, il est vrai, coûteux, il immobilise du personnel et des locaux; mais les sujets ennemis

____

(1) *Journal des Débats*, 12 décembre 1915.

y sont dans l'impossibilité de nuire, ce qui est un résultat appréciable.

§ 4. — L'expulsion

Lorsqu'enfin les sujets ennemis n'ont pas usé de l'autorisation de quitter le territoire, qu'ils aient été ou non munis d'un permis de séjour, il reste pour l'Etat où ils se trouvent une ressource pour le cas où ils deviendraient trop gênants, c'est l'expulsion.

Le recours à cette mesure extrême a été violemment critiqué; Pinheiro-Ferreira y voit une « flagrante violation des droits imprescriptibles de l'homme » (1). Elle est la négation de la liberté de résidence, et il semble, au premier abord, quelque peu illégitime d'expulser, malgré eux, des individus qui ont été admis antérieurement à résider avec toutes les garanties de l'Etat (2).

Sans doute, l'expulsion sans aucun motif serait abusive; il faut bien reconnaître pourtant, que les étrangers ne peuvent avoir, hors de leur Etat, les mêmes droits que les nationaux du territoire où ils se trouvent. Ils ne sont, et c'est l'opinion généralement admise (3), que de simples hôtes par rapport à l'Etat qui les

---

(1) *Notes sur le Droit civil*, de Vattel, livre II, chap. 8, nº 100.
(2) Dans ce sens, Pascale Fiore : *Droit pénal international*, p. 100, et Clovis Hugues : Chambres des Députés, 24 février 1882.
(3) Dans ce sens, conseiller d'Etat Portalis : séance du 4 ventôse an XI. — Valéry : *Droit international privé*, p. 388. — Weiss : *Traité théorique et pratique de Droit international privé*, t. II, titre I.

reçoit, et ils ne doivent y jouir que de la liberté compatible avec la sûreté de cet État.

Aussi, l'exercice de la souveraineté de l'État (1) serait-il incomplet, s'il ne pouvait expulser individuellement les étrangers qui violeraient ses lois ou seraient devenus dangereux. Et, puisqu'il a le droit d'interdire l'accès de son territoire, le droit d'expulser en est le corollaire indispensable.

« L'expulsion à titre de simple mesure de police est pratiquée aujourd'hui dans tous les États ». Ce n'est qu'un acte administratif de « sûreté intérieure » et « extérieure » (2) de l'État, ne relevant, en aucun cas, de l'autorité judiciaire.

« La thèse contraire, a dit M. de Montigny, rapporteur de la loi du 3 décembre 1849, n'a jamais été soutenue, elle n'a jamais été admise en France (3). »

L'expulsion individuelle est donc, en temps de paix, parfaitement légitime, à condition toutefois qu'elle soit « ordonnée par la nécessité » (4). Aussi l'est-elle, à plus forte raison, en temps de guerre !

Mais que faut-il penser de l'expulsion en masse ? Elle n'est qu'un « acte de défense, une mesure

______

(1) Bluntschli : *Droit international codifié*, traduction Lardy, n⁰ˢ 382 et 383.

(2) Valéry : *Droit international privé*, p. 386 et 388. — Dans ce sens, Bluntschli : numéros ci-dessus cités. — Ducrocq : *Droit administratif*, t. III, p. 494. — Feraud-Giraud : *Annuaire de l'Institut de Droit international*, t. II, p. 273. — Worms : dans le *Répertoire de Droit administratif*, par Béquet, t. XVI, Expulsion. — Hauriou : *Traité de Droit administratif*.

(3) *Moniteur universel*, t. III, 1849, p. 3853.

(4) Durut : De l'Expulsion des étrangers. — Thèse, Aix, 1902-1903.

de sûreté parfaitement licite et d'une régularité incontestable» (1).

Il est, en effet, du devoir de l'Etat de garantir sa sécurité personnelle et celle de ses nationaux, en évitant les conflits auxquels la présence des sujets ennemis peut donner lieu et il doit rendre impossible l'espionnage auquel ils se livreraient. Pour ce faire, il peut et doit employer tel moyen de police qui lui paraît convenable. Le droit d'expulser en masse rentre, sans aucun doute, dans ses attributions normales, l'intérêt public et celui de la défense nationale en sont une justification suffisante, «en droit la question ne saurait être douteuse» (2).

L'Institut de Droit international (3) a, du reste, consacré cette solution et a admis l'expulsion en masse dans le cas de « troubles graves survenus sur le territoire» ou de « guerre déclarée».

Mais cette mesure ne peut être que temporaire et doit prendre fin avec les événements qui y ont donné lieu. Elle doit, en outre, pour ne pas être abusive et partant injuste, accorder aux expulsés un délai suffisant pour liquider leurs affaires; c'est une condition indispensable à sa légitimité; l'injustice qui en résulterait, dans le cas contraire, suffirait à faire condamner ce procédé parfaitement légal en soi.

L'expulsion en masse fut fréquemment employée

(1 et 2) Fauchille : *Traité de Droit international public*, t. II, n° 1055, p. 65 et suiv.

(3) Règlement de Genève : 9 septembre 1892, art. 24, 26, 27.

dans l'antiquité et l'est encore, même de notre temps; la France, en 1755, expulsa les Anglais « au son du clairon et du tambour » (1).

La pratique inverse tend cependant à se répandre au xix⁰ siècle, et, pendant la guerre de Crimée, en 1854, un avis russe permit aux Français et aux Anglais de demeurer en Russie et y garantit leurs personnes et leurs biens; les Russes bénéficièrent des mêmes avantages en France et en Angleterre.

En 1859, un décret du 4 mai autorisa les Autrichiens à demeurer en France, pourvu que leur conduite y fût bonne et régulière.

En 1870, les Allemands furent d'abord autorisés à résider (2); puis un décret du 28 août 1870 ordonna leur expulsion. Geffcken (3) s'est violemment élevé contre cette mesure cependant nécessaire, en face de l'invasion du sol français par nos ennemis, et d'autant plus légitime que toutes les précautions furent prises pour en limiter les effets, que des permis de séjour furent accordés en en justifiant les demandes et qu'enfin le rapatriement des sujets expulsés fut effectué sous la direction des agents diplomatiques chargés de leur protection (4).

Malgré ces garanties, le Gouvernement allemand nous a réclamé 100 millions d'indemnités pour ses sujets qui en furent victimes.

---

(1) Fauchille : précité.
(2) *Moniteur officiel*, 21 juillet 1870.
(3) Geffcken sur *Heffter*, *op. cit.*, § 121, note 4.
(4) Bonfils : *Manuel de Droit international*, p. 696. — Fauchille : *op. précitée*.

Durant la guerre entre la Russie et la Turquie, un ukase russe du 12 mai 1877 permit aux Turcs de continuer à séjourner en Russie.

Lors de la guerre entre la Chine et le Japon, en 1894, tandis que le Japon rendait un décret relatif à la protection des Chinois, admettait toutes les relations ne portant pas atteinte aux seuls intérêts militaires, en réservant toutefois, dans l'article 8, les droits de l'autorité militaire, la Chine se montrait plus rigoureuse.

Même différence au cours de la guerre entre la Grèce et la Turquie (18 avril 1897); les Turcs purent continuer à résider (1) en Grèce, alors que la Turquie ordonnait l'expulsion en masse, dans un délai de quinze jours, délai qui fut réduit à trois jours seulement, pour tous les Hellènes n'ayant pas en Turquie une occupation permanente. Seuls pouvaient y demeurer ceux qui abandonnaient leur nationalité pour devenir Turcs.

La Turquie a dû augmenter la durée du délai, pour faire droit aux réclamations des grandes puissances et de la France notamment.

L'Espagne et les Etats-Unis, en 1898, n'expulsèrent que dans la stricte limite des nécessités militaires, et les sujets mobilisables eux-mêmes ne furent pas retenus (2).

Lors de la guerre sud-africaine, le *Times* dénonça

---

(1) Politis: dans R. D. I., t. IV, 1897, p. 525 et suiv. — *Journal des Débats*, 24 avril 1897.
(2) Le Fur: dans R. D. I., t. V, 1898, p. 677.

la rigueur d'une mesure Boer prononçant l'expulsion
de tous les Anglais résidant au Transwaal ou dans
l'Etat d'Orange; mais une déclaration du président
Kruggs, publiée dans les journaux de Londres du
2 mai 1900, a remis les choses au point; l'expulsion
ne fut pas exécutée en bloc, mais au fur et à mesure
des besoins, et des autorisations de résider furent
accordées, avec prudence et circonspection, il est
vrai (1), mais à juste raison.

Durant la guerre russo-japonaise, un rescrit impérial russe du 27 février 1904, autorisa les Japonais
à résider et à vaquer à leurs occupations, à l'exception de ceux qui se trouvaient dans le champ des
opérations, et les Japonais ont agi avec le même
libéralisme (2).

En 1911, l'Italie a permis aux Turcs de demeurer
sur son territoire; la Turquie, au contraire, après
avoir soumis les Italiens à une foule de mesures
restrictives de leur liberté, décida, huit mois après
la déclaration de guerre, leur expulsion en masse,
gardant seulement, et malgré eux, les religieux et
les religieuses des hôpitaux et les ouvriers des chemins de fer (3). Par le traité d'Ouchy-Lausanne, du
18 octobre 1912, elle s'est engagée à rétablir dans leurs
fonctions et à indemniser les fonctionnaires et employés
italiens au service de l'Etat turc. qui avaient été
congédiés.

---

(1) Despagnet : dans R. D. I., 1900, t. VII, p. 698.
(2) Rey : dans R. D. I., t. XIV, p. 327, 330.
(3) *Le Temps*, 8 octobre 1911.

En 1914, les Allemands, après avoir rassuré les baigneurs russes qui se trouvaient dans les stations thermales allemandes, pour empêcher leur départ, les ont expulsés brutalement, non sans les avoir préalablement dévalisés une fois la guerre déclarée.

Ainsi qu'on l'a vu, l'expulsion en masse a été souvent utilisée; la France n'en a cependant pas fait usage, pourtant elle en avait le pouvoir; de nombreux textes ont réglé la matière depuis la Révolution:

Un premier décret du 24 vendémiaire an II, ordonne, pour paralyser les mouvements des étrangers non ennemis, qui cherchent à fomenter des troubles dans le pays, leur expulsion dans un délai de quinze jours, si leur civisme n'est pas reconnu.

La loi du 23 messidor an III, plus énergique, prononce l'expulsion de tous les étrangers ennemis.

L'expulsion individuelle est, aujourd'hui encore, régie par la loi du 3 décembre 1849 et par l'article 272 du Code pénal. Cette loi fut votée en remplacement de la loi du 21 avril 1832, sur le rapport de M. de Montigny, malgré les vives observations de M. Chauniot, au nom de la morale et de la civilisation. La principale modification consistait dans le fait que le droit d'expulsion, au lieu de dépendre du chef de l'Etat, relèverait désormais du Ministère de l'Intérieur, et que la loi de 1849 accordait aussi, aux préfets des départements frontières, le droit d'expulser les étrangers de passage.

De nombreuses circulaires en ont ensuite réglé l'application. Notre loi du 20 mars 1914, confirmée par le décret du 2 août 1914, a donné tout pouvoir au Gouvernement à cet effet.

L'article 2 de ce décret, décide l'évacuation des Allemands et des Austro-Hongrois hors des départements frontières et des camps retranchés de Paris et de Lyon; mais nous avons vu, dans les chapitres qui précèdent, qu'ils ne furent nullement obligés de quitter le territoire.

De nombreuses expulsions individuelles furent cependant prononcées. Le Ministre de l'Intérieur, dans la *Liberté* du 26 décembre 1915, signalait que, durant les années 1914 et 1915, 5.063 expulsions avaient été réalisées; 4.690 par suite de décisions ministérielles ou préfectorales, le surplus en vertu de l'article 272 du Code pénal.

En 1918, 3.811 expulsions ont été prononcées par décisions ministérielles et 481 par décisions préfectorales (2).

C'est donc toujours, et avec raison, à l'expulsion individuelle que nous avons eu recours pendant la guerre. Bien que l'expulsion en masse puisse être légitime lorsque les circonstances l'exigent, il est pourtant préférable de l'éviter autant que faire se peut.

Une juste application de l'expulsion individuelle

---

(1) Mérighac et Lémonon : *Le Droit des Gens et la Guerre de 1914-1918*, p. 122.

(2) Réponse du Ministre de l'Intérieur à M. Escudier, député, R. D. I. P., 1919, p. 282. — Nous n'avons pu obtenir du Ministre de l'Intérieur le nombre des expulsions prononcées durant les années 1916 et 1917. — Voir supra, note, page 33.

fournit du reste une protection suffisante, atteignant ceux qui doivent être atteints sans mettre pour autant la sécurité de l'Etat en danger ; c'était, sans aucun doute, la solution qui devait prévaloir et c'est celle qui fut adoptée chez nous.

Elle était l'aboutissement nécessaire de toutes les mesures qui avaient pu être prises auparavant, lorsque celles-ci avaient été jugées impuissantes à protéger utilement l'intérêt primordial de l'Etat.

Après l'armistice, de nombreuses expulsions individuelles ont dû encore être exécutées en Alsace-Lorraine, et, le 12 août 1922 notamment, 500 sujets ennemis ont été reconduits de l'autre côté du Rhin, en vertu d'arrêts nominatifs. Nous ne pouvons, une fois de plus, que constater la stricte légitimité de ces mesures individuelles et pourtant, bien qu'elles fussent admises en Allemagne par les dispositions du propre droit allemand, celles-ci y furent l'objet de violentes critiques et de véhémentes récriminations (1).

------

(1) Voir Clunet : L'expulsion d'étrangers indésirables en Alsace-Lorraine et le Droit. — Dans Clunet, 1922, p. 561.

CHAPITRE II

INTERDICTION DE CONTRACTER
ET DE COMMERCER

L'interdiction de contracter et de commercer entre belligérants est, au même titre que les mesures prises contre les personnes, une conséquence très importante de la guerre, d'autant plus importante qu'en la matière, il ne faut pas entendre seulement le mot commerce au sens actuel du mot, c'est-à-dire uniquement relation d'affaires, mais qu'il faut lui donner le sens beaucoup plus large qu'il avait en latin, alors qu'il désignait les relations, les rapports de toute nature entre les individus.

L'ampleur et l'application de cette interdiction varient suivant que l'on adopte l'une ou l'autre des conceptions de la guerre rappelées au début de cette étude.

Si l'on veut rester fidèle à la théorie de Rousseau, il suffit d'interdire les actes de commerce en relation directe avec la conduite des hostilités et comme tels susceptibles d'avoir une répercussion immédiate et fâcheuse.

Avant la guerre mondiale, certains internationalistes soutenaient que la déclaration de guerre ne peut modifier, ni les contrats existants, ni la faculté de contracter et de commercer.

M. de Mably, au xviiie siècle, inspiré par les doctrines des philosophes, s'élève contre cette interdiction dont l'application ne se justifie, selon lui, que pour des motifs d'ordre politique ou militaire, lorsque les populations, étant en contact avec les troupes ennemies, il y a danger à autoriser le commerce, ou lorsque cette interdiction peut amener plus promptement la paix.

Puisque la guerre n'est qu'une relation d'Etat à Etat, il faut limiter le plus possible les désastres qui en résultent, et, pour justifier cette théorie, Pinheiro-Ferreira proclame que « le commerce n'a qu'une seule patrie, le monde».

Les interdictions, disent ces internationalistes, seront inutiles, le commerce se fera par des intermédiaires qui en retireront le plus gros profit, au détriment même des Etats qui ont édicté la prohibition.

Enfin, le respect des contrats antérieurs à la guerre et la continuation des rapports commerciaux ne peuvent que contribuer à terminer plus rapidement le conflit (1).

---

(1) En ce sens, Pinheiro-Ferreira : *Cours de Droit public interne et externe*, t. II, p. 108. — Bluntschli : *Droit international codifié*, art. 798, note 1. — Lader : *Journal de Droit international privé*, 1914-1919. — Décision de Comité maritime international, dans *Bulletin du Comité*, 1913, n° 39, p. 763 et suiv. En ce sens encore, art. 23 h du règlement annexe de la deuxième Conférence de la Haye, que nous étudierons dans le chapitre III.

L'acte final de la deuxième Conférence de La Haye a consacré cette thèse dans le vœu émis par elle qu' « en cas de guerre, les autorités compétentes, civiles et militaires, se fassent un devoir tout spécial d'assurer et de protéger le maintien des rapports pacifiques, et notamment des relations commerciales et industrielles entre les populations des Etats belligérants et les pays neutres » (1).

Malgré tout, la majorité des auteurs soutient encore la nécessité de l'interdiction des relations contractuelles et commerciales entre les sujets de nations belligérantes, et c'est la solution rationnelle.

Elle est d'ailleurs en parfaite concordance avec la théorie anglo-saxonne que nous avons adoptée.

Il n'y a rien, en effet, de plus dangereux que les « tendances cosmopolites du commerce actuel », l'égoïsme commercial est enclin à sacrifier les intérêts de la patrie aux intérêts privés et ne considère comme ennemis que ce qui gêne la liberté de ses mouvements » (2).

Et les relations commerciales, en fournissant sans cesse de nouvelles ressources à l'ennemi, n'aboutiraient qu'à faire prolonger la guerre.

Enfin, par l'entretien de ces relations, le secret des

---

(1) Deuxième Conférence de la Paix, La Haye, 18 octobre 1907.
(2) Fauchille : n° 1060, p. 76. — En ce sens, Bynkershœk : *Quaestiones juris publicis*, lib. I, cap. 3. — Wheaton : *Elements*, t. I, p. 295. — Despagnet et de Bœck : *Cours de Droit international public*, 4e édition, p. 517, p. 823 et suiv. — Bry : *Cours de Droit international public*, n° 443. — Lawrence : *The principles of international Law*, 1895, § 197, et toute la doctrine anglaise.

opérations pourrait être, fût-ce même involontaire-
ment, facilement violé.

« Tolérer le commerce des sujets pendant que les
Gouvernements sont en lutte ouverte, ce serait mettre
en conflit l'action des individus et celle des souverains... Ils ne peuvent poursuivre leurs profits indi-
viduels tant que cela porte préjudice à la cause com-
mune... Des contrats avec l'ennemi et pour l'ennemi
sont donc illicites... » (1).

La doctrine n'est pas encore d'accord pour admettre que l'interdiction est générale et absolue à
partir de la déclaration de guerre (2). Bluntschli
soutient qu'elle ne se présume pas, et qu'elle doit
être prononcée formellement (3).

La conception anglo-saxonne nous permet d'adopter une solution intermédiaire plus avantageuse, et
qui est, au reste, la solution rationnelle. L'Etat reste
libre d'indiquer, dans son seul intérêt, les tolérances
qui peuvent lui être utiles, et ce sont ces tolérances
qui devront être publiées, car la prohibition est de
plein droit; des « licences » de commercer peuvent
donc être individuellement accordées (4).

Pour être efficace, l'interdiction devra être générale, s'appliquer aussi bien aux alliés des ennemis

---

(1) Geffcken : *Op. cit.* sur Heffter, § 123, note 5.
(2) C'est en général la solution donnée en France. — Barboux :
Jurisprudence du Conseil des prises pendant la Guerre de 1870. Annexe
1, p. 135.
(3) En ce sens, Geffcken sur Heffter : *Le Droit international de
l'Europe,* 4e édition, p. 271. — Desjardins : *Traité de Droit commercial maritime* 1878, t. I, p. 38.
(4) Calvo : *Op. cit.,* t. IV, § 1953.

qu'aux ennemis eux-mêmes, et s'appliquer de même au commerce maritime (1) ou aérien, lorsqu'il sera plus pratiqué (2). De cette interdiction résultera évidemment que tout contrat privé conclu pendant une guerre est nul et illégal (3).

Il en résulte aussi, inévitablement, une atteinte au principe de l'inviolabilité de la correspondance, car la prohibition des relations entre sujets belligérants ne serait d'aucun effet, si l'on ne conservait pas un droit de contrôle sur la correspondance avec les neutres.

Il y avait eu, cependant, avant la guerre mondiale de 1914-1918, des exceptions à l'application intégrale et absolue de l'interdiction de commercer.

Durant la guerre de Crimée, l'ordre du Conseil anglais du 15 avril 1854 et l'instruction française du 31 mars 1854 d'une part, la déclaration russe du 9 avril 1854 d'autre part, permirent, par navires neutres, en vertu de « licences » limitées et expresses, le commerce de tout ce qui n'était pas considéré comme contrebande de guerre.

Lors de la guerre de Chine, en 1860, l'Angleterre et la France (4) autorisèrent le commerce avec les ennemis; il est vrai, qu'ils luttaient précisément pour se faire ouvrir les ports chinois.

(1) Pradier Fodéré : *Op. cit.*, t. VI, n° 2696.

(2) En ce sens, Fauchille : n° 1064, p. 78. — *Op. cit.* de Bynkershœk, Calvo, Wheaton. En sens inverse, Heffter, § 123.

(3) Fauchille : p. 77. — *Op. cit.* de Bynkershœk, Calvo, Kent, Phillimore, Travers, Twiss. En sens inverse, Blüntschli, art. 674.

(4) Order in Council, 1860. — Arrêté Ministère des Affaires étrangères, 28 mars 1860.

En 1870, au contraire, l'interdiction des relations commerciales fut rigoureusement appliquée de part et d'autre, ainsi qu'en fait foi l'instruction du Ministre de la Marine, en date du 25 juillet 1870, en France (1); en Allemagne, le banquier berlinois Guterbœck fut condamné pour haute trahison, parce qu'il avait prêté son concours à l'emprunt Morgan fait par la France.

Le Japon admit, par un décret du 4 août 1894, la liberté du commerce pendant la guerre de 1894 avec la Chine (2).

Mais l'interdiction fut encore la règle pendant la guerre hispano-américaine de 1898 (3).

Durant la guerre entre la Russie et le Japon, en 1904, la continuation des relations commerciales fut autorisée (4).

En 1911, la Turquie n'en prononça pas l'interdiction, mais elle fit peser de telles surtaxes sur les produits italiens, que le commerce fut presque totalement entravé en fait (5).

Voyons maintenant quel sort fut réservé aux relations commerciales et contractuelles en France, pendans la guerre de 1914 à 1918.

Il ne semble pas qu'au début des hostilités, la

---

(1) Barboux précité.
(2) Ariga : dans R. D. I., t. II, p. 579.
(3) Fromageot : *Jurisprudence de la Cour suprême des États-Unis, en matière de prises pendant la Guerre hispano-américaine,* p. 39.
(4) Rey, dans R. D. I., t. XIV, p. 333.
(5) Coquet, dans R. D. I., t. XIX, p. 413.

France ait songé à interdire, d'une manière absolue, toutes les relations; par le décret du 2 août 1914, notre Gouvernement s'engagea à fournir, dans la mesure de ses moyens, du travail aux évacués ennemis résidant près des frontières ou dans les camps retranchés. Cependant, des mesures de détail furent prises pour éviter les indiscrétions ou les révélations des opérations.

Un décret du 2 août interdit l'importation des pigeons-voyageurs et leur circulation dans l'intérieur de la France.

Par une note du 10 août, les relations postales avec l'Allemagne, l'Autriche-Hongrie et le Grand-Duché de Luxembourg ont été déclarées suspendues, tandis que, dès le début d'août, l'autorité militaire et la police procédaient à la suppression des postes de télégraphie sans fil et, par un arrêté du 15 août, l'usage en fut prohibé à bord des bâtiments de commerce, dans les ports de France et dans les eaux territoriales (1).

Cependant un avis au *Journal officiel*, du 14 août 1914, rappelle les peines prévues par les articles 77 et 79 du Code pénal et les articles 205 et 269 du Code de justice militaire du 9 juin 1857, portant interdiction d'entretenir des relations quelconques avec des agents de l'État ennemi.

Il n'y a, à ce moment, aucune mesure relative aux opérations commerciales entre simples particuliers,

---

(1) V. Paul Fauchille : *Op. cit.*, t. I, p. 75 et 87. — Pillet : R. D. I., t. XXIII, p. 210. — Valéry : R. D. I., t. XXIII, p. 364.

on espère que la prohibition d'exportation de certains articles et la fermeture des frontières, les sentiments hostiles qui animent nos nationaux, suffiront à arrêter les affaires; on espère aussi que les mers seront suffisamment surveillées par la marine anglaise pour entraver ces opérations commerciales.

M. Viviani, dans le rapport adressé au Président de la République, pour appuyer le projet de décret qu'il lui soumettait, montra l'insuffisance de ces mesures.

Il rappelait, en premier lieu, qu'en France l'interdiction des relations commerciales entre belligérants était traditionnelle; qu'en outre, la guerre actuelle tendait « aussi bien à la destruction de la résistance économique de l'adversaire qu'à celle de ses armées... » Or, sans aucun doute, les exportations renouvellent les ressources pécuniaires de l'Etat ennemi, tout en maintenant son prestige chez les neutres (1), tandis que les importations, habilement faites par l'interposition des neutres, lui fournissent tout ce qui lui est nécessaire. M. Viviani démontrait enfin que ce n'était pas la France qui ouvrirait la voie des interdictions, puisque, en vertu de la loi votée par le Reichstag dès le 4 août 1914, une ordonnance du Bundesrath du 7 août a paralysé l'exercice de leurs droits et actions pour nos nationaux résidant hors du territoire allemand. Et le projet fut décrété le 27 septembre 1914 ; il est, et est demeuré, pendant

____

(1) En ce sens, Pillet : dans R. D. I. : *La Guerre actuelle et le Droit des Gens*, 1916, p. 41.

toute la guerre, le texte fondamental en la matière; procédant par des mesures générales, il peut être étendu à des hypothèses aussi nombreuses que variées; la plupart des textes, qui ont été édictés ensuite, se sont bornés à le faire appliquer ou à régler des points de détail qu'il n'a pas envisagés. Le décret du 7 novembre-1915 en a étendu l'application aux sujets bulgares.

§ 1. — Interdiction de commercer

Aux termes de l'article 1er, alinéa 1, « à raison de l'état de guerre, et dans l'intérêt de la défense nationale, tout commerce avec les sujets des Empires d'Allemagne et d'Autriche-Hongrie, ou les personnes y résidant, se trouve et demeure interdit ».

A. — En conséquence, le commerce avec les sujets ennemis et les personnes morales ennemies est interdit :

1° A tous les Français ou protégés français, à quelque titre et en quelques lieux qu'ils agissent, en vertu de l'article 2, alinéa 1, même lorsqu'ils sont chargés de l'administration des biens ennemis, nous le verrons dans le livre deuxième.

La situation qui en résultait était du reste dangereuse pour les nationaux français résidant en pays neutres; ils pouvaient y être poursuivis par des sujets ennemis, et, s'ils exécutaient les obligations auxquelles ils auraient pu être condamnés, ils encouraient, en

France, des poursuites pour intelligence avec l'ennemi (1).

Cette disposition porta, en outre, un grave préjudice à notre commerce qui, seul, en supporta les conséquences jusqu'en juillet 1916, nos alliés continuant de commercer avec nos ennemis, pourvu que ce ne fût pas en territoire ennemi; nos représentants à l'étranger, et nos Chambres de commerce, réclamèrent à maintes reprises (2) pour aboutir enfin, lors de la Conférence économique interalliée des 14, 15, 16 et 17 juin 1916, à l'adoption par tous les alliés de la prohibition, qui fut jugée indispensable pour obtenir du blocus les résultats attendus.

Toutefois, les relations commerciales avec les ennemis restaient permises aux habitants des régions envahies et occupées par l'ennemi, même depuis la publication du décret, et ce, à juste titre; ces sujets subissaient, en effet, une contrainte à laquelle ils ne pouvaient se soustraire, et ils ne pouvaient pas non plus se passer des ennemis.

2° Le commerce avec les ennemis était aussi interdit à toutes les personnes se trouvant en France et dans les pays de protectorat français, donc à tous les sujets des nations alliées (3), à tous les sujets neutres (4); enfin, en vertu de l'alinéa 2 de l'article 1,

______

(1) Conseil de guerre, Paris, 11 février 1918 : *Gazette du Palais*, 11, 12, 13 février 1918.

(2) Avis du 24 octobre 1914, du 15 janvier 1915. — Note du 13 février 1915 de la Chambre de commerce de Paris.

(3) Trib. corr. Havre, 5 janvier 1916 : R. D. I. P. 1917, p. 549.

(4) Trib. corr. Bayonne, 28 juillet 1915. — Trib. corr. Seine, 20 octobre 1915 : R. D. I. P. 1915-1916, p. 199 et suiv. — Cour de Paris,

à tous les sujets allemands ou austro-hongrois, et en vertu du décret du 7 novembre 1915 aux sujets bulgares.

3º Il semble aussi résulter, des articles 2 et 3 de ce décret, que, des personnes étrangères, même habitant à l'étranger, ne peuvent conclure en France des actes de commerce avec des sujets ennemis; non seulement ces actes seraient nuls, mais ils pourraient les faire condamner chez nous, soit comme auteurs, soit comme complices (1) de la personne qui aurait conclu ces actes.

4º Depuis la loi du 4 avril 1915, les actes conclus à l'étranger avec des sujets ennemis, par un étranger habitant en France, devaient aussi être réprimés, la correspondance suffisant pour établir la tentative; ces actes étaient illicites et même délictueux.

5º Enfin, bien qu'elle ne soit prévue dans aucun texte, l'interdiction de commercer avec des sujets ennemis s'étend évidemment aux sujets ottomans et à tous ceux qui ont profité des faveurs de notre loi: Alsaciens-Lorrains, Polonais, Tchèques, etc. La sanction naturelle du trafic de ces sujets serait la perte du permis de séjour et la mise sous séquestre de leurs biens (2).

---

30 mai 1916 - R. D. I., 1917, p. 228, et Clunet, 1917, p. 593. — Conseil de guerre XVᵉ région, 16 déc. 1916 : *Le Droit*, 17 février 1917. — Trib. corr. Seine, 19 janvier 1917 ; Clunet, 1917, p. 1183. — *Matin* et *Journal*, 20 janvier 1917. — Trib. corr. Seine, 16 mars 1917, *Matin*, 17 mars, et Clunet, 1917, p. 1182.

(1) Ord. sur requête Montpellier, 29 mars 1917. — Clunet, 1917, p. 1733. — Trib. corr. Bayonne, 28 juillet 1915, précité.

(2) Trib. corr. Lyon, 25 novembre 1916.

B. — Quels sont les sujets avec qui il est interdit de commercer?

1º Incontestablement, tous les sujets allemands, austro-hongrois ou bulgares, où qu'ils se trouvent.

2º Tous les sujets neutres (1) résidant dans l'un quelconque de ces trois pays.

3º Tous les sujets alliés, ou même français, nous l'avons vu, qui s'y trouveraient (2).

4º Il ne semble pas que le commerce ait été interdit avec les sujets ottomans. Jamais, en effet, les relations commerciales n'ont été interdites avec la Turquie; elles échappaient même aux sanctions de la loi du 4 avril 1915; ce, à cause de l'amitié séculaire qui nous a toujours uni à cet Etat; à cause aussi des intérêts considérables que nous y avions, et parce qu'on le considérait comme ayant été entraîné dans la guerre par un Gouvernement à la solde des Empires centraux (3).

C'était là un grand danger, car, sous la dépendance immédiate de nos ennemis, ses alliés, son intérêt lui commandait de frauder le plus possible, et les interpositions de personnes étaient impossibles à éviter.

____

(1) Trib. corr. Seine, 23 octobre 1916. — Clunet, 1917, p. 807.

(2) Trib. corr., Marseille, 9 février 1915. — Clunet, 1917, p. 1753. — Cour de Paris, 10 juillet 1917. Clunet, 1917, p. 1753. — En sens contraire, M. Wahl, dans la *Revue trimestrielle de Droit civil*, nᵒˢ 3 et 4, 1914. — Voir aussi étude de Courtois, dans la *Gazette des Tribunaux*, 16 janvier 1915, et dans Clunet, 1915, p. 509.

(3) Voir, à ce sujet, rapport de M. Failliot, déposé à la Chambre le 19 janvier 1915. — *Documents parlementaires*, Chambre. Ann. nº 533, séance du 5 mars 1915.

Nous avons, du reste, été bien mal récompensés de notre générosité et, dans la suite, les agissements de l'Etat ottoman, et même d'individus isolés demeurés chez nous, nous ont obligé à plus de rigueur.

La loi du 22 janvier 1916, concernant l'obligation de déclarer les biens ennemis, comporte celle des biens ottomans, sans toutefois en entraîner la mise sous séquestre.

Les articles 1 et 2 de la loi du 15 février 1917 interdisent les opérations de réassurance avec les compagnies turques.

Enfin, le projet de loi, qui devait remplacer le décret du 27 septembre 1914, englobait tous les ressortissants des pays actuellement en guerre avec la France et ceux qui pourraient se joindre à eux.

5° Le Gouvernement a aussi décidé, à juste titre, que, d'une manière générale, le commerce serait interdit avec toutes les personnes résidant en pays occupés par l'ennemi; des poursuites ont été engagées pour le réprimer (1), et, pour éviter des fraudes, des conditions multiples et très strictes étaient imposées aux comités s'occupant du ravitaillement des régions envahies (2); certains ont même été poursuivis.

Ces textes étant de droit étroit, on ne saurait les étendre; aussi le jugement du Tribunal de la

---

(1) Trib. corr., Seine, 12 novembre 1917 : R. D. I. P., 1918, p. 91.
(2) *Revue des Deux-Mondes*, 15 novembre 1917, p. 437.

Seine du 12 novembre 1917, rendu après les poursuites dont il est question plus haut, s'est-il bien
gardé de résoudre la question.

6° Enfin, il n'est pas douteux que le commerce
est aussi interdit avec toutes les personnes morales
ennemies; nous le verrons dans le livre deuxième.

Deux exceptions à cette prohibition ont été prévues
dans l'article 5 de ce décret, en matière de propriété
industrielle et de sociétés d'assurances; nous les
étudierons aussi dans le livre deuxième.

Dans la suite, des mesures de faveur ont été prises,
pour le ravitaillement des prisonniers, par le décret
du 30 novembre 1914, la circulaire du 22 juin 1915
et les cartels signés entre le 24 avril 1915 et le 26
avril 1918.

Enfin, des exceptions ont été spécialement autorisées par le Ministère des Affaires étrangères, mais
seulement en connaissance de cause.

Le décret du 27 septembre 1914 devait, en vertu
de son article 6, être soumis à l'approbation des
Chambres. De nombreux projets de loi furent
déposés, aucun n'obtint cette approbation; nous
signalons seulement cette anomalie, conséquence du
système mixte de législation adopté par nous en
temps de crise (1).

Ce décret fut cependant ratifié implicitement
par la loi du 4 avril 1915, qui avait « pour objet de
donner des sanctions pénales à l'interdiction faite

---

(1) Nous examinons les avantages de cette législation infra, p. 76.

aux Français d'entretenir des relations d'ordre économique avec les sujets d'une puissance ennemie»,
et qui était essentiellement une loi de police et de
sûreté de l'Etat, dont le domaine d'application était,
de ce fait, beaucoup plus étendu qu'il ne pouvait
sembler au premier abord; mais elle n'avait pas
d'effet rétroactif, et les actes ou contrats qui lui
étaient antérieurs ne pouvaient être réprimés péna-
lement que s'ils étaient prévus par l'article 400 du
Code pénal (1).

« Quiconque, en violation des prohibitions qui ont
été ou seront édictées, conclura ou tentera de conclure, exécutera ou tentera d'exécuter, soit directement, soit par personne interposée, un acte de commerce ou une convention quelconque, soit avec un
sujet d'une puissance ennemie ou avec une personne
résidant sur son territoire, soit avec un agent de
ce sujet ou de cette personne, sera puni d'un empri-
sonnement d'un an à cinq ans et d'une amende de
500 à 20.000 francs, ou de l'une de ces deux peines
seulement (article 1, alinéa 1).

« Seront réputés complices de l'infraction, tous
les individus tels que préposés, courtiers, commis-
sionnaires, assureurs, voituriers, armateurs, qui, con-
naissant la provenance et la destination de la mar-
chandise, ou de toute autre valeur ayant fait l'objet
de l'acte de commerce ou de la convention, auront

---

(1) Trib. corr. Seine, 9 juillet 1915, relatif au détournement
d'objets séquestrés, dont le jugement a été rappelé dans la loi du
28 janvier 1916.

participé à un titre quelconque, pour le compte de l'une des parties contractantes, à l'opération prévue et réprimée par le paragraphe précédent. »

Par le contenu de cet article, cette loi a un caractère beaucoup plus général que son titre ne le laisse supposer; le fait seul de la répression pénale à laquelle l'article 1 donne lieu permet de faire frapper de nullité comme illicite, en vertu de l'article 1131 du Code civil, tout acte ou contrat dont les auteurs auraient été condamnés.

La simple tentative y est réprimée comme l'acte lui-même; on s'est souvent servi de ce principe pour punir des actes accomplis à l'étranger par un étranger se trouvant, fût-ce seulement de passage en France, la correspondance en vue de la conclusion du contrat étant assimilée à la tentative, le contrat est réputé illicite, et, partant, délictueux et sans valeur (1).

Mais, pour qu'il y ait délit, le ministère public doit établir la mauvaise foi (2) par une preuve certaine et irréfragable, et, comme dans toute matière d'ordre public, le procureur de la République a l'initiative des poursuites, conformément à l'article 22 du Code d'instruction criminelle, sans toutefois pouvoir enlever,

____

(1) Trib. corr. Seine, 20 octobre 1915 ; 23 octobre 1916 précités ; 16 mars 1917. — Voir aussi Clunet, 1916, p. 1039.

(2) Dans ce sens, Clunet, 1916, p. 825, contre l'arrêt de Rouen, 22 octobre 1915. — Clunet, 1915, p. 1099. — Rapport de M. Galup, sénateur : J. O. du 15 avril 1915, p. 47, et déclarations de MM. Galup et Briand, Garde des Sceaux, au Sénat : J. O., 3 avril 1915, p. 183 et 184.

à la partie civile lésée, le droit de citer le délinquant devant le tribunal correctionnel (article 182 du Code d'instruction criminelle).

Enfin, comme ces mesures sont essentiellement édictées à cause de la guerre et en vue de la défense nationale, les conseils de guerre peuvent être compétents, même si les prévenus ne sont ni militaires, ni assimilés.

De même que le décret du 27 septembre 1914, cette loi était applicable aux nationaux français ou alliés commettant le délit prévu même à l'étranger, malgré que la loi étrangère ne considérât pas les faits comme donnant lieu à poursuites; grave dérogation à l'article 5 du Code civil.

§ 2. — Interdiction de contracter

Quel est maintenant le sort fait aux contrats?

« Est nul et non avenu, comme contraire à l'ordre public, tout contrat ou acte passé... » Donc, tout contrat fait en contravention du décret du 27 septembre 1914 est annulé de plein droit, et cette nullité peut être invoquée par tous.

L'interdiction de contracter avec les sujets allemands remonte au 4 août 1914, au 13 août avec les sujets austro-hongrois et au 7 novembre 1915 avec les Bulgares.

Mais, quid des contrats antérieurs à la guerre?

Ceux-ci ne sont pas annulés de plein droit, mais on

s'efforce d'empêcher les sujets ennemis de retirer un profit quelconque de leur exécution (1).

1o S'il y a eu un commencement d'exécution avant la guerre, le contrat ne sera pas annulé, mais l'exécution des obligations, au profit des sujets ennemis, sera suspendue jusqu'à la fin des hostilités.

En effet, « pendant le même temps, est interdite et déclarée nulle, comme contraire à l'ordre public, l'exécution, au profit des sujets des Empires d'Allemagne et d'Autriche-Hongrie (Bulgarie, décret du 7 nov. 1915) ou des personnes y résidant, des obligations pécuniaires ou autres résultant de tout acte ou contrat passé... antérieurement aux dates fixées à l'alinéa 2 de l'article 2 »; mais le contrat subsiste.

2o « Dans le cas où l'acte ou contrat visé à l'alinéa précédent n'aurait reçu, à la date du présent décret, aucun commencement d'exécution sous forme de livraison de marchandises ou de versements pécuniaires, son annulation pourra être prononcée par ordonnance sur requête rendue par le président du Tribunal civil. Seront seuls recevables à présenter cette requête, les Français, les protégés français ou les nationaux des pays alliés ou neutres. »

La procédure ainsi instituée pour obtenir l'annulation est simplifiée, spéciale et peu coûteuse; le président du Tribunal jouit, en la matière, d'un pouvoir discrétionnaire et statue par ordonnance sur requête.

---

(1) Cour d'Aix, 26 octobre 1914 : Clunet, 1917, p. 1751.

L'annulation peut, du reste, être obtenue aussi conformément au droit commun (1). Lorsque les Tribunaux civils ou de commerce sont compétents, et dans ces cas seulement, ils peuvent « apprécier et interpréter le décret suivant les espèces et les faits » (2), et faire jouer les différents cas d'annulation des contrats prévus dans le Code civil : inexécution de l'une des parties (3), force majeure (4), etc.

Les Français, protégés français ou sujets alliés pourront, par contre, exiger l'exécution des obligations souscrites à leur profit par des sujets ennemis, sans que ces derniers puissent invoquer, dans la guerre, un cas de force majeure les déliant de ces obligations. La résiliation des contrats pourra être prononcée contre eux, et ils pourront même être condamnés à des dommages-intérêts (5).

§ 3. — De la résiliation des contrats

Un dernier texte a modifié les articles 3 et 4 du décret du 27 septembre 1914, c'est la loi du 21 janvier 1918, relativement à la résiliation des contrats conclus avec les ennemis.

---

(1) Trib. Seine, référés, 7 mai 1918 : Clunet, 1918, p. 1180.
(2) Trib. Seine, référés, 31 juillet 1915 : Clunet, 1916, p. 576.
(3) Montpellier, Ord. sur requête, 29 mars 1917 : Clunet, 1917, p. 1733.
(4) M. Wahl, dans la *Revue trimestrielle*. — Voir note 4, p. 42. — Etend d'ailleurs l'interdiction, même aux contrats civils.
(5) Séquestre condamné à des dommages-intérêts. — Trib. comm. Marseille, 9 janvier 1917 : Clunet, 1918, p. 648.

1º Aucun changement pour les contrats postérieurs à la guerre; ils sont nuls et non avenus de plein
droit, et ils sont, en outre, délictueux, même s'ils
n'ont pas un caractère commercial (1).

2º Quant aux contrats antérieurs, il y a sur ce
point deux modifications importantes.

Qu'ils aient été ou non l'objet d'un commencement
d'exécution, « la résiliation des contrats passés avec
les ressortissants des pays ennemis, antérieurement
au début de l'état de guerre, pourra être demandée
par tous les Français, protégés français et nationaux
des pays alliés ou neutres, ou bénéficiaires d'un permis
de séjour, sans aucune exception».

Ces deux innovations sont considérables. La première est, certes, quelque peu abusive, supprimant,
en effet, toute garantie pour l'avenir des contrats,
puisque le seul fait de la guerre suffit dès lors à
légitimer leur inexécution.

La seconde tient enfin compte des situations
particulières de certaines catégories de sujets
ennemis, que nous examinerons dans le paragraphe
suivant.

Pour obtenir cette annulation, la procédure est
simple: le président du Tribunal statue en référé,
après avoir assigné l'administrateur séquestre des
biens ennemis, s'il en existe un; si les biens ne sont
pas séquestrés, il statue par ordonnance sur requête.
Toute contestation qui pourrait résulter de cette

---

(1) Opinion précitée de M. Wahl.

annulation sera « instruite et jugée comme en matière
sommaire, devant le Tribunal civil (art. 5) [1] ».

La loi est applicable à tous les contrats, aux
marchés de fournitures passés avec les communes,
les établissements publics, etc., qui peuvent en obtenir la résiliation.

Il est facile de constater qu'elle augmente, d'une
manière très sérieuse, les possibilités d'annulation
et qu'elle accroît aussi notablement le nombre des
personnes qui peuvent la demander. Une aussi grande
facilité de résiliation des contrats est peut-être
excessive, la seule suspension des obligations en
résultant constituait, en effet, une garantie suffisante, mais elle était cependant justifiée en partie par
le changement des conditions du commerce et par
la très grande difficulté qu'aurait provoqué, après
la cessation des hostilités, la nécessité d'exécuter
des contrats antérieurs à la guerre.

§ 4. — Mesures de faveurs et d'exceptions

A l'exception de la loi du 8 novembre 1917, article
3, qui décidait « que seront annulés de plein droit ou
résiliés, à la demande des Français ou Alsaciens-
Lorrains d'origine française intéressés et, dans des
conditions à fixer par décret portant règlement d'administration publique, tous contrats passés avec des

---

(1) Voir Clunet, 1918, p. 1061 et suiv.

sociétés ou particuliers ennemis pendant l'occupation ou sous-le contrôle de l'ennemi», aucun texte, jusqu'alors, n'avait tenu compte de la situation particulière d'un nombre important de sujets étrangers ressortissants en droit des Empires centraux, mais qui, en fait, avaient bénéficié chez nous de faveurs et avaient notamment été autorisés à résider : Alsaciens-Lorrains, sujets ottomans de nationalité non turque, Arméniens, Juifs de Palestine, Grecs, Polonais, Tchèques, Yougo-Slaves, etc., qui n'étaient pas considérés comme ennemis au sens du décret du 27 septembre 1914 et qui, pour la plupart, étaient munis de permis de séjour.

La loi du 27 mai 1915 les avait sans doute assimilés aux nationaux, mais seulement en matière de propriété industrielle.

En l'absence de texte, la jurisprudence a usé à leur égard de la solution la plus rigoureuse; jamais elle n'a considéré le permis de séjour comme pouvant relever son bénéficiaire de son incapacité juridique (1). En fait, le Gouvernement leur a facilement accordé les autorisations qu'ils sollicitaient et leur a souvent évité les poursuites pénales dont ils auraient pu être l'objet par suite de l'application stricte de la loi du 4 avril 1915.

Ce système a l'avantage de laisser, à leur égard, le Gouvernement maître absolu de la situation ; les

---

(1) En droit, toute opération faite avec un sujet austro-hongrois d'origine tchèque tombe sous le coup de la loi du 4 avril 1915. — Réponse ministérielle à M. Périer : *J. O.*, 2 juin 1918. — Dans ce sens : Paris, 10 juillet 1917 : R. D. I., 1916, p. 375.

intéressés au contraire, et c'est fâcheux, sont dans un état dénué de toute sûreté; en effet, même si le ministère public ne poursuit pas, un tiers quelconque intéressé peut invoquer la nullité, puisqu'elle est d'ordre public, et elle sera obligatoirement prononcée.

Certains tribunaux, pour éviter ces inconvénients, avaient conclu à tort que les sujets ennemis autorisés à séjourner avaient conservé la capacité de contracter (1), en invoquant, pour certains, leur nationalité d'origine non ennemie, pour d'autres, le fait qu'ils n'étaient pas soumis au séquestre. Ces arguments sont loin d'être décisifs, car parmi les bénéficiaires de permis de séjour, certains sont demeurés ennemis : ceux dont les fils ont été incorporés dans l'armée française, par exemple, et, d'autre part, dans de nombreux cas, la mainlevée du séquestre a été refusée malgré l'existence du permis de séjour (2).

Le permis de séjour n'est, en réalité, qu'une simple mesure administrative; mais, à notre avis, elle modifie cependant la condition juridique de ceux qui l'ont obtenu, « soutenir l'inverse serait contraire au bon sens et à la justice» (3).

---

(1) Trib. Saint-Nazaire, 7 septembre 1916. — Poitiers, 6 novembre 1916 : R. D. I., 1917, p. 60. — Lourdes, 19 juillet 1917 : R. D. I., 1917, p. 540.

(2) Voir Henry : dans R. D. I. P., 1915-1916 précité. — Voir aussi Caen, 3 novembre 1915 : R. D. I. P., p. 60. — Référé Seine, 9 mai 1916 : dans Clunet, 1916, p. 1271, et 11 décembre 1917 : dans Clunet, 1918, p. 718. — Toulouse, 30 mai 1917 : dans Clunet 1918, p. 138.

(3) Rouen, 27 octobre 1916 : R. D. I. P., 1917, p. 63, la citation faite dans le texte est extraite de cet arrêt. — Référés Narbonne, 27 octobre 1914 : R. D. I. P., 1916, p. 222 et suiv. — Sirey 1916, t. II, 1914. — Paris précité, 10 juillet 1917, et voir les motifs de ces décisions.

Quelqu'ait pu être la solution préférée par eux,
tous les tribunaux ont veillé avec conscience à ce
que les actes accomplis par ces sujets bénéficiant
de mesures de faveur ne soient pas répréhensibles,
ni dangereux pour la sécurité nationale (1), et ils
l'ont presque toujours spécifié dans leur décision.

A côté de ces textes fondamentaux, d'autres ont
réglé des situations particulières, telles que celles
de la propriété industrielle, des brevets d'invention,
des contrats d'assurances, etc., nous les verrons dans
le livre deuxième. Enfin, des mesures de détail ont
complété les grandes lignes données par la législation
que nous venons d'examiner, visant principalement
à assurer le blocus économique des Empires centraux,
en prenant des dispositions spéciales pour arrêter
les marchandises de provenance ennemie ou à destination de puissances ennemies, sans qu'il y ait à
s'occuper de la nationalité ou de la résidence des
intéressés (la loi du 17 août 1915, par exemple).

Un très vaste champ de répression était ouvert
par ces textes; la France, dès le début, avait vu juste
et sans hésiter elle avait prescrit les mesures indispensables pour resserrer le blocus économique des
ennemis, ce à quoi on voulait aboutir.

Nous avons déjà signalé qu'à notre grand préjudice, nous n'avions pas été suivis immédiatement
dans cette voie par nos alliés; mais, par suite de la
pression exercée par notre Gouvernement, la Confé-

____

(1) Voir les motifs des arrêts précités.

rence économique interalliée de Paris approuva et adopta entièrement le système prohibitif français, au mois de juin 1916. Le blocus fut alors plus sérieux, beaucoup plus efficace, surtout après la publication d'un commun accord, entre tous les alliés, des fameuses « Listes noires ».

Etaient portés sur ces listes noires tous les commerçants, toutes les sociétés de nationalité neutre mais suspects, en quelque pays qu'ils aient leur établissement. C'était, en quelque sorte, faire peser contre eux une présomption de nationalité ennemie ou d'interposition de personne, qui recommandait la plus grande prudence à ceux qui voulaient traiter avec eux.

Le rendement en fut intéressant et si gênant pour nos ennemis, que ce fut une des premières mesures dont l'Allemagne demanda la suppression aussitôt après l'armistice.

On ne peut méconnaître les nombreux avantages et les qualités de la législation que nous venons d'examiner; mais, comme en toute législation de circonstance, l'improvisation en fut trop rapide, elle fut incomplète quelquefois et frisa parfois l'illégalité. Elle fut édictée sous forme de décret... et resta longtemps dépourvue de sanctions pénales; ce n'est qu'à l'usage que ses défauts se révèlent, de nouveaux textes ou la jurisprudence peuvent alors mettre la loi au point. Un projet dans ce sens, en préparation depuis 1915, devait être voté en 1918 et régler tout ce qui était obscur, incomplet ou imparfait.

Il faut bien se garder, en tout cas, de perdre de vue que, comme toute législation intéressant la défense nationale, elle était d'ordre public, s'appliquant même aux nationaux; que, par contre, elle n'était qu'exceptionnelle et temporaire, que dérogeant souvent au droit international public ou privé et même au droit interne, elle devait demeurer de droit strict et d'interprétation limitée.

§ 5. — Solution des traités de paix

Les traités de paix ont pris des solutions plus radicales encore, en matière de contrats; bien qu'en dehors du sujet, un bref examen de ces solutions sera intéressant à envisager et permettra de suivre l'évolution des idées en cette matière:

1° Pour les contrats postérieurs à la guerre, le Traité de Versailles (art. 299, annexe, § 2, déclare s'en référer aux lois, décrets et règlements internes pris pendant la guerre; ils sont donc nuls de plein droit.

2° Pour ceux antérieurs à la guerre, « les contrats conclus entre ennemis seront considérés comme ayant été annulés à partir du moment où deux quelconques des parties sont devenues ennemies» (art. 299 a).

L'annulation ne peut remonter au delà du jour où la prohibition de commercer a été prononcée (annexe § 1), et, d'autre part, elle ne peut être demandée pour des contrats conclus entre ennemis en vertu de l'autorisation d'une des puissances belligérantes.

Le Gouvernement allié de l'une des parties peut, par contre, dans un délai de six mois à dater du Traité de paix, réclamer dans un intérêt général l'exécution de contrats antérieurs à la guerre (art. 299 *b*). La seule ressource de l'autre partie, si cette mesure lui porte, «par suite du changement dans les conditions du commerce, un préjudice considérable», est d'en référer au tribunal arbitral mixte prévu par la section IV (1).

C'est en vertu de cet article 299 que le Tribunal arbitral mixte, dans une espèce à lui soumise le 10 août 1921 (2), a maintenu un contrat, à charge par le demandeur de verser, en sus du prix convenu, une indemnité supplémentaire équitable, sans qu'elle ait atteint cependant la différence de valeur des prix actuels du marché et de ceux en usage lors de la réalisation du contrat.

Toutefois, cette possibilité n'est pas applicable aux Etats-Unis, au Brésil et au Japon, à cause de leur législation interne, et la non application, à leur égard, de l'article 299 est motivée par cette raison dans le paragraphe *c*.

Des articles spéciaux (nous les retrouverons dans le livre deuxième) ont réglé ces questions en matière de propriété industrielle, littéraire et artistique (art. 310) et d'assurances (art. 299 à 303; annexe, § 8 à 24).

---

(1) M. Nisot, dans Clunet, 1921, p. 32, estime au contraire que la décision du Gouvernement est souveraine.
(2) Voir, dans Clunet, 1921, p. 1017.

Certains contrats, restent en outre, obligatoirement valables :

1º Les contrats de transfert de propriétés, biens et effets mobiliers et immobiliers, si la propriété a été transférée avant la guerre (art. 299 à 303; annexe, § 2 *a*).

2º Les baux, locations et promesses de location (annexe, § 2 *b*).

3º Les hypothèques, gages et nantissements (annexe § 2 *c*), sauf si le créancier, après avoir pris toutes les garanties pour défaut de paiement, a vendu de bonne foi le gage; le propriétaire ne pourra réclamer que la somme correspondante.

Cependant, même dans ce cas, la vente pourra être annulée si elle a été effectuée en pays occupé et en temps d'occupation (annexe, §§ 5 à 10).

4º Seront maintenues les concessions de mines et minières.

5º Enfin, les contrats conclus avec l'Etat, les départements ou une autre personnalité juridique.

Le maintien de ces contrats n'empêche pas du reste la mise sous séquestre des biens ainsi mis en cause (1).

Lorsque ces contrats ne pourront être exécutés qu'en partie, ils devront encore l'être, si on le demande; sinon ils seront entièrement annulés, en vertu des articles 1217 et 1226 du Code civil.

Une innovation a été introduite, en cas de conflits relatifs à ces contrats; ils seront réglés, ou bien par le Tribunal arbitral mixte ou bien par le Tribunal

---

(1) *J. O.*, 26 août 1919, en cite l'exemple en matière de concession minière.

allié compétent, et les jugements rendus par les tribunaux ressortissants à une des puissances alliées ou associées vaudront même en pays ennemis, sans exéquatur (art. 302).

Bien qu'excessive, cette disposition était nécessaire en fait et c'est sa légitimation, car si l'exéquatur avait été exigé pour obtenir l'exécution des contrats dont s'agit, il eut été rarement accordé.

Les mêmes solutions ont été données pour l'Autriche (1), en vertu du Traité de Saint-Germain du 10 septembre 1919, section V, partie X, articles 251 à 255, 262, et pour la Bulgarie, en vertu du Traité de Neuilly du 27 novembre 1919, articles 180 à 183.

Toutes ces mesures n'ont fait que confirmer et sanctionner les dispositions qui ont été prises pendant la guerre, même après le 28 avril 1919, lorsque fut suspendu l'effet des « Listes noires »; le commerce demeura néanmoins interdit avec l'ennemi (2).

La reprise des relations commerciales avec la Turquie et la Bulgarie résulte du décret du 21 février 1919 (3); elle ne doit concerner, pour la Bulgarie, que les matières nécessaires à son approvisionnement intérieur. Avec l'Allemagne, elle résulte du décret du 12 juillet 1919 (J. O., 13 juillet 1919); toutefois,

---

(1) A cet égard, le Gouvernement français a notamment notifié au gouvernement autrichien l'obligation de maintenir dans un intérêt général les contrats de société, ceux relatifs au statut familial, ceux à titre gratuit ou onéreux ayant une portée charitable ou alimentaire, enfin ceux ayant constitué une libéralité à quelque titre que ce soit. — Voir J. O., 7 octobre 1920.

(2) Dans Clunet, 1919, p. 614.

(3) J. O., 23 février 1919, p. 2005.

la reprise des relations commerciales n'est pas
entièrement autorisée, certaines exportations demeurent prohibées et tous les paiements à des sujets
allemands sont interdits en application du traité
de Versailles.

L'interdiction de commercer, au sens actuel du
mot, était, nous l'avons vu, indispensable pour
amener plus rapidement la fin des hostilités; celle
de contracter n'en était que le complément obligatoire. L'application stricte de ces prohibitions fut
un des facteurs importants de la chute de nos ennemis, par suite de la plus grande efficacité du blocus.

Ces interdictions, dans le principe, demeuraient
conformes au droit commun, et n'étaient qu'une
saine application (sauf peut-être les abus signalés
dans le cours du chapitre) de la conception anglo-
saxonne du droit de la guerre; sur ce point encore,
c'est la solution rationnelle qui semble avoir prévalu.

Nous allons voir, dans les chapitres qui vont suivre,
que cette interdiction générale de contracter et de
commercer a eu d'importantes conséquences quant
aux personnes elles-mêmes, car l'interdiction d'ester
en justice en est le corollaire indispensable et quant
aux biens, car elle est à la base de toutes les mesures
qui y sont relatives, notamment à la mise sous séquestre des biens ennemis.

CHAPITRE III

DROIT D'ESTER EN JUSTICE

De l'interdiction des relations commerciales résulte
sans aucun doute, pour les sujets ennemis, la suppression du droit d'actionner en justice (1); puisqu'il
leur est interdit de contracter avec des nationaux,
on ne peut concevoir de leur part une action en
justice; le seul fait, en effet, de constituer avoué
impliquant un contrat entre mandataire et mandant.

Mais la rigueur avec laquelle cette interdiction
sera appliquée dépend aussi de la conception qui
aura été admise; si l'on veut s'en tenir strictement à
la théorie de Rousseau, puisque « la guerre est une
relation d'Etat à Etat», et que les individus pris
personnellement ne sont pas des ennemis, la possibilité d'ester doit leur être laissée même en temps
de guerre.

Et, conformément à la conception adoptée par
elle dans le chapitre précédent, la quatrième Convention de La Haye (2) maintenait formellement, dans

____

(1) Voir les auteurs cités au chapitre II.
(2) Actes et documents. Conférence de la Haye, t. I, p. 101;
t. III, p. 25 et 131.

son article 23 *h*, qu'il était «interdit de déclarer éteints, suspendus ou non recevables en justice, les droits et actions des nationaux de la partie adverse». L'intention des signataires n'était pas douteuse, ils avaient certainement voulu étendre « aux biens incorporels l'immunité qu'ils avaient accordée aux biens corporels» et assurer, aux sujets ennemis, la faculté d'ester dans toute sa plénitude, même en temps de guerre. L'Angleterre refusa cependant, dès avant la guerre de 1914-1918, de l'interpréter ainsi, soutenant qu'il n'y avait là qu'une mesure concernant les chefs des armées d'occupation vis-à-vis des habitants des pays occupés (1).

Si, au contraire, on optait pour la conception anglo-saxonne de la guerre, on avait toute liberté d'étendre ou de restreindre la faculté d'ester en justice des sujets ennemis, dans la mesure de l'intérêt de la défense nationale; nous allons voir comment elle fut comprise en France lors de la guerre mondiale.

Aucun texte législatif ne l'a réglée, c'est la jurisprudence seule qui l'a établie. Aussitôt après sa publication, le décret du 27 septembre 1914 fut pourtant invoqué aussi bien en doctrine qu'en jurisprudence pour la consacrer; puisque les sujets ennemis ne peuvent plus contracter en territoire français; que, d'une façon plus générale, tous actes ou contrats passés avec eux sont interdits, les actions en justice (2) sont comprises dans cette prohibition.

____

(1) Critique par Politis: R. D. I., t. XVIII, p. 249.
(2) En ce sens, voyez rapport député Failliot: Procès-verbal

On a aussi soutenu que plaider c'est contracter, car il se forme un contrat judiciaire (1) par l'échange des conclusions; mais cet argument, qui s'appuie sur la tradition romaine, est dénué de toute valeur dès qu'il n'y a plus deux adversaires en présence, dans une procédure gracieuse ou par défaut, par exemple.

D'autres ont vu, dans la constitution d'avoué, un contrat entre mandant et mandataire, mais si c'était seulement la constitution d'un avoué qui était interdite au sujet ennemi, il aurait dû pouvoir plaider là où il pouvait se passer de ce ministère, devant les Tribunaux de commerce, Conseils de prud'hommes ou Justices de paix, par exemple.

La Chambre des avoués près le Tribunal de la Seine et le Conseil de l'Ordre des avocats à la Cour d'appel de Paris, ce dernier sur le rapport de M. Millerand, ont, au contraire, dès le début de la guerre, considéré que leurs membres peuvent valablement représenter ou défendre des sujets ennemis (2), avec l'autorisation préalable de la Chambre des avoués ou du Conseil de l'Ordre.

La vérité est qu'il est bien difficile d'étendre le

---

de la Chambre, séance du 19 janvier 1915. — Voir aussi Valéry, dans Clunet, 1915, p. 1009. — Courtois : Lettre à la *Gazette du Palais*, 20 mai 1916 : dans Clunet, 1916, p. 509.

(1) Marseille, 22 janvier 1915 : R. D. I. P., 1915-1916, p. 41. — Philippeville, 15 avril 1915 : R. D. I. P., 1915-1916, p. 44. — Cour d'appel d'Alger, 22 septembre 1915 : R. D. I. P., 1915-1916, p. 47. Contra Rouen, 22 septembre 1915 : R. D. I. P., 1915-1916, p. 45. — Epinal, 28 août 1915 : R. D. I. P., 1915-1916, p. 50.

(2) Voir p. 86, note 1.

décret du 27 septembre 1914 à une interdiction d'un
ordre aussi spécial; en effet, a-t-on répondu avec la
Cour de Paris, du fait que ce décret n'est relatif
qu'aux relations commerciales, on ne peut l'étendre,
et il doit être appliqué *stricto sensu*.

Pour justifier cette interdiction, on a plus simplement, et à plus juste titre (1), montré les dangers
que cette faculté présenterait; il serait impossible
d'empêcher des abus avec le concours d'adversaires
simulés. Et la faculté d'ester, qui serait laissée aux
sujets ennemis, entraînerait inévitablement l'obligation de leur permettre de rentrer sur notre territoire, lorsqu'ils n'y seraient pas.

M. Valery, par contre, est certainement sorti de
la légalité lorsque, pour appuyer sa thèse, il a soutenu
qu'une convention internationale est nulle en face
d'une loi interne postérieure (2); il aboutit ainsi à
l'anéantissement du Droit international.

Enfin, on a souvent voulu justifier l'interdiction
d'ester en justice par la nécessité d'user de réciprocité (3) à l'égard de nos ennemis. L'Allemagne a bien,
en vertu d'une ordonnance du 7 août 1914, déclaré
non recevables en justice les actions des sujets domi-
ciliés ou résidant à l'étranger; nous sommes allés

---

(1) Voir note 2, p. 83.
(2) Contra: Constitution américaine exige avant tout le respect
des traités et de la Constitution.
(3) En ce sens, Marseille, 16 mars 1916. — Besançon, 12 août
1916: R. D. I. P., 1917, p. 70 et suiv.

beaucoup plus loin (1); cette ordonnance, en effet, s'appliquait à toutes les personnes physiques ou morales, même de nationalité allemande, résidant à l'étranger, et à celles-là seulement, tandis qu'elle ne concernait pas les sujets, même de nationalité ennemie, demeurant en Allemagne; ce n'était, en quelque sorte, qu'un moratorium, qu'un sursis à procédure édicté contre tous les individus à l'étranger ».

En l'absence de texte, la jurisprudence fut d'autant plus hésitante que le public et la presse avaient pris parti, accordant « des brevets de patriotisme » à ceux qui refusaient toute capacité d'ester aux sujets ennemis.

En réalité, il y a lieu de distinguer les deux situations totalement distinctes du sujet ennemi comme demandeur, et celle du sujet ennemi comme défendeur (2) la question ainsi divisée sera alors plus facilement résolue selon le bon sens, grâce à la théorie anglo-saxonne.

§ 1er. — Etranger ennemi demandeur

Cette distinction était déjà faite de longue date dans la jurisprudence anglaise, qui refusait expressé-

---

(1) Voir Clunet, 1915, p. 567, et Dreyfus, dans Clunet, 1916, p. 1131.

(2) Trib. corr. Seine, 9 janvier 1915, reconnaît le droit pour eux de se faire représenter par un avoué : Clunet, 1915, p. 62. — Alger, 22 juillet 1915 : Clunet, 1915, p. 903. — Courtois, dans Clunet, t. XLII, p. 599. — Signorel : *Le Statut français des Sujets ennemis*, 1916, p. 104.

ment toute action des demandeurs ennemis ou résidant en pays ennemis (1).

Le Tribunal civil de la Seine, dans un jugement du
9 janvier 1915, a déclaré au contraire qu'un Allemand
pouvait se porter partie civile contre un de nos
nationaux, en observant toutes les formes exigées
et en respectant toutes les restrictions qui leur étaient
imposées par la législation interne; mais, pour des
raisons de fait, il a sursis à statuer jusqu'à la fin des
hostilités..., laissant ainsi la question pendante.

On se rend immédiatement compte des inconvénients de ce système, si l'accès des tribunaux est
permis aux sujets ennemis; que décidera-t-on, s'ils
obtiennent contre un Français une condamnation
pécuniaire, quand le décret du 27 septembre 1914
interdit tout paiement entre leurs mains. Ils ne pourraient ensuite obtenir l'exécution forcée qu'après
le retour aux relations pacifiques. Cette solution
est pourtant admise depuis fort longtemps (2) par
certains auteurs.

Et la Cour de Paris (3) essaya d'en tirer une théorie
nouvelle et originale, distinguant entre la jouissance
et l'exercice du droit d'ester en justice qui, seul,
serait suspendu. Le président du Tribunal civil de

(1 et 2) Voir Fauchille : *Traité de Droit international public*, t. II,
n° 1065, p. 87 ; note 1, p. 86.

(3) Cour de Paris, 20 avril 1916 : Clunet, 1916, p. 1029. — Dans
ce sens, Cour de Rouen, 17 mai 1915 : *Gazette du Palais*, 11 décembre
1915, et Clunet, 1915, p. 1095. — Tribunal civil Epinal, 27 août
1915 : *Gazette du Palais*, 14 décembre 1915, et Clunet, 1915, p. 262.
— Voir aussi Clunet, dans le *Temps*, 5 janvier 1915.

la Seine (1) en fit, à juste raison, la critique ; il semble
bien, en effet, que la faculté d'ester constitue à elle
seule non pas seulement la jouissance, mais l'exercice
d'un droit.

L'autorisation d'ester comme demandeurs fut généralement refusée aux sujets ennemis (2), mais le droit
commun fut respecté en ce qui concerne les droits
extra-patrimoniaux (3), en considération du motif de
l'interdiction ; il ne paraît pas, en effet, nécessaire
dans ce but d'empêcher un sujet ennemi d'intenter
une action en divorce, en séparation de corps, en
recherche ou en désaveu de paternité.

En enlevant à la solution donnée par la Cour de
Paris le caractère personnel qu'elle a voulu lui imprimer, l'idée dominante aurait pu en être gardée, car
elle n'aurait présenté aucun danger pour la défense
nationale. L'exécution de la sentence étant retardée,
elle n'aurait pu nuire aux intérêts nationaux, et la
faculté d'ester aurait été entièrement respectée.

§ 2. — Etranger ennemi défendeur

Quelle que soit l'opinion que l'on ait sur cette
première partie de la question, la solution est toute

---

(1) Tribunal civil Seine, référés, 18 mai 1916 : Clunet, 1916, p. 1303.
(2) Tribunal correctionnel Seine, 18 mai 1916, : Clunet, 1916,
p. 1303. — Tribunal civil Marseille, 22 janvier 1915 : Clunet, 1915,
p. 1120. — Dans ce sens, Barthélemy, dans Clunet, t. XLIII, p. 1473.
— Clunet, dans l'article précité du *Temps*, 5 janvier 1915, et dans
Clunet, t. XLIII, p. 1089. — Note Mérighac, dans Dalloz 1916,
IIe, 108, sous Paris, 20 avril 1916, précité.
(3) Cour d'Aix, 6 octobre 1916 : Clunet, 1917, p. 717.

différente lorsqu'il s'agit de la capacité d'ester en justice comme défendeur.

Dans un arrêt du 5 frimaire an XIV, la Cour de Cassation distinguait déjà la situation des sujets ennemis demandeurs et celles des sujets ennemis défendeurs, en autorisant le pourvoi d'un Français condamné à payer à un sujet anglais, alors que ce dernier demandait le rejet pur et simple du pourvoi, puisqu'il était sursis à l'exécution; la Cour de Cassation avait voulu empêcher les poursuites d'un ennemi contre un national.

Le bon sens et la pratique des affaires ont établi solidement cette distinction dans le Royaume-Uni.

L'interdiction d'ester ne doit pas, en effet, aller à l'encontre des intérêts de celui qui l'édicte; elle y aboutirait cependant, si elle était absolue, sans aucune restriction ni réserve. Si un créancier français ne pouvait assigner un débiteur ennemi, le tort qu'on lui causerait pourrait être considérable (1); la Cour d'Alger a cependant prétendu que la défense d'un sujet ennemi est en contradiction formelle et absolue avec les termes des articles 2 et 3 du décret du 27 septembre 1914 (2). Dès lors, si on admet la poursuite des sujets ennemis en faveur des demandeurs français, le droit pour eux de se défendre est indispensable, si l'on ne veut pas aboutir à un déni de justice, puisque sans qu'ils soient autorisés à intervenir au débat, ils pourraient être l'objet de décisions à leur encontre.

---

(1) Philippeville, 15 avril 1915 : Clunet, 1915, p. 509.
(2) Alger, 22 juillet 1915 : Clunet, 1915, p. 903 précité.

Peut-on alors faire prononcer des jugements par défaut contre eux? Valéry et Courtois (1), n'envisageant que la question de forme, ont soutenu l'affirmative, s'appuyant sur l'article 14 du Code civil et l'article 69 du Code de procédure; il suffirait, pour cela, que les conditions de l'assignation aient été remplies (2).

La procédure par défaut suppose pourtant la faculté d'ester pour le défaillant (3); si les sujets ennemis ne l'ont pas, comment justifier cette procédure (4); il n'est pas suffisant de dire, avec M. Courtois (5), que cette procédure est légitime parce que les délais d'opposition sont suspendus et que, de ce fait, le jugement ne pourra devenir définitif, donc exécutoire; car on retombe en pleine illégalité, lorsqu'après le décret du 14 mai 1915, le président du Tribunal civil peut accorder la continuation de l'instance pour des motifs exceptionnels (6).

Quel est donc exactement l'étendue du droit de défense du sujet ennemi? Il est, en règle générale, admis à constituer avoué (7).

Comme ses biens sont le gage de ses créanciers, certains tribunaux ont permis purement et simple-

---

(1) Dans Clunet, 1915, p. 504.

(2) En ce sens, Epinal, 27 août 1915, précité, note 2, p. 53.

(3) Marseille, 16 mars 1916 : Clunet, 1917, p. 341.

(4) Aussi le Trib. civ. Marseille, 16 mars 1916, note 2, n'admet-il pas, dans une telle procédure, la faculté pour le séquestre, même muni d'un mandat *ad litem*, de représenter le sujet ennemi.

(5) Note, dans Clunet précité, p. 503.

(6) On a beau recommander à ce dernier de ne pas négliger les intérêts du défendeur ennemi.

(7) Voir note 2 ci-dessus; p. 86.

ment, lorsque ces biens ont été mis sous séquestre, d'assigner à sa place les administrateurs-séquestres de ces biens. Et, pour éviter que l'on ne puisse assigner un sujet ennemi dont les biens ne seraient pas séquestrés, M. Valery a proposé, dans ce cas, d'y suppléer par la nomination d'un curateur *ad hoc*, ou mandataire spécial (1).

Ce but louable en vérité de la protection en premier lieu des intérêts de nos nationaux, ne peut faire admettre que les administrateurs-séquestres aient de droit, la faculté d'ester pour les sujets ennemis, que cette faculté soit le résultat normal de leur fonction et qu'elle ne puisse leur être enlevée (2). Ils ne sont, en réalité, que des gardiens, et ne sont même pas représentants des intérêts des sujets ennemis; ils ne peuvent donc être qualifiés pour soutenir une instance au nom (3) de ces sujets.

Aussi la plupart des arrêts exigèrent-ils avec raison, pour autoriser les administrateurs-séquestres à représenter les sujets ennemis, qu'ils fussent munis d'une habilitation préalable à le faire par le président du Tribunal civil (4). L'obligation pour les séquestres

---

(1) Valery, dans Clunet, 1915, p. 1021.

(2) Arrêt précité : Philippeville, Alger, note 1, p. 89. — Commerce Havre, 23 juin 1915 : Clunet, 1915, p. 1135. — Nice, 20 avril 1916 : Clunet, 1916, p. 1311.

(3) Arrêt Bayonne, 1er décembre 1914 précité. — Dans ce sens, Tarascon, 17 mars 1916; Cour d'Aix, 14 mai 1917 : dans Clunet, 1918, p. 272. — Oran, 19 avril 1915. — Dans *Gazette des Tribunaux*, 9 mai 1915.

(4) Arrêts précités, Trib. civ. Seine, 18 mai et 26 juin 1916 : Clunet, 1916, p. 1303.

d'être pourvus d'un mandat spécial *ad litem* était, à notre avis, la meilleure solution; elle a, du reste, été le plus généralement adoptée. Cette habilitation pouvait être accordée à la simple demande des créanciers, le président restait toutefois entièrement libre de la refuser, s'il estimait que l'instance était inutile ou injustifiée (1); s'il l'avait accordée, le Tribunal compétent était celui du défendeur.

L'honnêteté des administrateurs-séquestres était une garantie insuffisante sans doute, car ils ne connaissaient souvent qu'imparfaitement les intérêts des séquestrés, mais leur intervention a été, malgré cela, très utile; nos ennemis, eux-mêmes, l'ont du reste reconnu.

Mais on hésita longtemps aussi avant de savoir à quels ennemis l'interdiction d'ester était opposable?

Sans aucun doute, aux Allemands et aux Austro-Hongrois. Après le décret du 7 novembre 1915, elle le fut de même aux Bulgares, mais avec moins de rigueur, et on permit à tort, selon nous, à des sujets bulgares, munis de permis de séjour, d'intenter une action contre des Français (2).

La jurisprudence avait, il est vrai, une excuse dans une circulaire de la Chancellerie, du 20 décembre 1915, qui invitait à agir avec prudence dans l'appli-

---

(1) Seine référés, 21 décembre 1915 : Clunet, 1916. p. 246. — Cour de Rouen, 22 décembre 1915 : Clunet, 1916. p. 1626.

(2) Seine, 27 juin 1916 : R. D. I. P., 1915-1916, p. 501. — Clunet, 1917, p. 1481. — Tandis qu'au contraire, à la Justice de paix du IXe, 25 octobre 1915, R. D. I. P. 1915-1916, p. 65, on refusait à juste titre de leur appliquer le moratorium des loyers.

cation du séquestre à leur égard, et dont les prescriptions ont été rappelées dans la circulaire du 20 avril 1916.

Quant aux Ottomans, ils bénéficiaient sans aucun doute, comme pour les permis de séjour, des mêmes faveurs que les Alsaciens-Lorrains (1), les Tchèques (2) et les Polonais.

En l'absence de textes, la solution donnée par la jurisprudence a été équitable. A la suite de l'émotion soulevée par l'arrêt précité du Tribunal de la Seine du 27 juin 1916, un projet de loi fut déposé par MM. Galli et Bonnefous, députés, comportant un article unique : « Sont déclarées irrecevables, pendant toute la durée des hostilités, les actions en justice des sujets des puissances avec lesquelles la France est en état de guerre », et la situation serait demeurée sans changement, car on ne faisait aucune distinction entre les sujets ennemis demandeurs ou défendeurs (3). A la longue, la jurisprudence en a fait une règle, et grâce au système du mandat *ad litem* à l'administrateur-séquestre, la condition des sujets ennemis ne fut pas diminuée dans un de ses attributs essentiels, devant nos tribunaux, tout en garantissant parfaitement nos intérêts.

---

(1) Trib. civ. La Roche-sur-Yon, 13 juin 1916 : Clunet, 1917, p. 1021. — Trib. paix civil Saint-Nazaire, 17 septembre 1916 : Clunet, 1917, p. 1076.

(2) Trib. com. Seine, 16 mars 1917 : Clunet, 1918, p. 287.

(3) En Angleterre, elle est traditionnelle. — Elle fut établie en Italie par le décret du 24 juin 1915 ; en Russie, avis du Sénat du 9 février 1916 ; au Portugal, décret du 20 avril 1916.

Nous avons respecté, autant que faire se pouvait, l'article 23 *h* de la Conférence de La Haye, que rien du reste n'avait abrogé. Aucune loi n'avait formellement cherché à le faire; on invoquait, pour légitimer cette prohibition, des textes qui n'étaient destinés qu'à conserver « le gage économique», qu'à empêcher tout acte de nature à entraver le blocus, atténuant ainsi la gêne que l'ennemi pouvait en ressentir; l'interdiction des paiements et du commerce suffisait à remplir ce but.

Au surplus, malgré l'affirmation du président du Tribunal de la Seine dans l'ordonnance précitée du 18 mai 1916, approuvée par M. Valery (1), le premier devoir d'un Etat est l'obéissance aux traités, qui ne peuvent être abrogés par une loi interne.

Pour nous en dégager, il eût fallu dénoncer formellement cet article 23 *h*, conformément aux Conventions de La Haye; or, nous ne l'avons pas fait.

La jurisprudence a certes excédé ses pouvoirs ; mais, en considération du résultat atteint (2), on ne saurait l'en blâmer; la nécessité de régler certaines affaires s'imposait; le système adopté nous a permis de le faire. Il sauvegardait à la fois les intérêts supérieurs de la nation et les intérêts particuliers de nos nationaux, tout en assurant les sujets ennemis du maximum de garantie qui pouvait leur être accordé en temps de guerre. Ce système était, en somme, beau-

---

(1) Note Valery, précitée.
(2) Voir Mérighac et Lemonon : *Le Droit des Gens et la Guerre de 1914-1918*, p. 186 et suiv.

coup plus libéral que celui adopté en matière de prise
maritime (1), où, après une instruction non contra-
dictoire par une juridiction ou un fonctionnaire de
la nation du capteur, le capteur est défendeur et
il jouit d'une présomption de légitimité et de régularité de la prise, tandis que les personnes intéressées
au navire ou à la cargaison sont demandeurs et,
partant, doivent prouver leur innocence et justifier
leur demande.

____

(1) Voir Fauchille : *Traité de Droit international public*, t. II,
p. 584.

CONCLUSION DU LIVRE PREMIER

Dans toutes les mesures que nous venons d'étudier, nous avons vu que les efforts de notre législation et de notre jurisprudence ont porté à respecter et à laisser subsister autant que faire se pouvait, eu égard aux événements, les libertés et les droits primordiaux que, dès le début du livre, nous avions proclamés indispensables.

Des restrictions ont été imposées à ces droits et leur exercice a été restreint, mais seulement dans les limites légitimes. Une fois les mesures prises, elles furent toujours appliquées avec la plus grande impartialité sans rigueur excessive, non pas pour nuire aux intérêts particuliers ennemis ou même simplement les gêner, mais pour protéger plus efficacement notre sécurité nationale.

Il n'en fut pas de même en Allemagne, où la plus grande malveillance fut toujours mise en œuvre.

Dans l'application de ces mesures, nous avons signalé, dans le cours de ce livre, des erreurs et même des oublis; ils furent inévitables dans une matière improvisée presque de toutes pièces, en face du péril qu'il fallait conjurer rapidement. Ces errements, ces hésitations nous éclaireront à l'avenir et nous

permettront de prévoir des dispositions ne présentant
plus les inconvénients d'une législation de circonstance hâtive, incomplète et parfois brutale.

Les interdictions de circuler, de contracter et de
commercer, enfin d'ester en justice étaient indispensables, leur application fut peut-être quelquefois
trop rigoureuse.

De violentes critiques ont été adressées, notamment
au système de la concentration; nous nous associons,
au contraire, pleinement à ce système, qui n'a été que
la conséquence d'une nécessité absolue. Les mesures
prises pour les retraits de naturalisation ont eu aussi
des détracteurs; elles soulèvent une question de
nationalité qu'il serait certes bon de voir résolue
pour l'avenir.

L'interdiction de commercer et de contracter
n'était pas moins nécessaire, en considération de
l'influence qu'elle a eu sur le développement de la
puissance économique de nos ennemis et aussi sur
leur moral. La résiliation des contrats, telle qu'elle
résulte des dispositions contractuelles des traités de
paix, a été à notre sens abusive, à cause du régime
d'instabilité qu'elle a inauguré en Droit international
public, pour l'avenir des relations commerciales
internationales; elle trouve cependant une excuse
dans la nécessité d'éviter aux nationaux alliés
l'exécution de contrats devenus pour eux trop onéreux
par suite du changement des conditions du commerce, changement dont nos ennemis ont été les
auteurs responsables.

L'interdiction d'ester enfin, grâce à la possibilité

pour les administrateurs-séquestres munis de mandats *ad litem*, de défendre les intérêts dont ils avaient la garde a été, nous l'avons dit, une garantie suffisante.

Et, malgré les défauts que nous avons relevé, le but visé a été atteint; nous avons réussi à protéger assez efficacement la personne de nos ennemis, tout en restant dans la limite compatible avec la sûreté de l'Etat.

Nous nous sommes efforcés, de la même manière, à protéger leurs intérêts et leurs biens sur notre territoire, ainsi que nous allons le montrer dans le livre deuxième.

LIVRE DEUXIÈME

Statut des Biens

INTRODUCTION

**Justification générale et historique de l'inviolabilité
de la propriété privée ennemie.**

Nous ne nous occuperons, dans ce livre, que de la
propriété privée ennemie sur terre; nous signalons
simplement que la question de l'inviolabilité de
la propriété ennemie sur mer est très controversée
et que les droits de prise et de capture sont encore
universellement pratiqués.

Dans l'antiquité, l'ennemi n'avait aucun droit,
et le vainqueur avait toute liberté de piller, de brûler
et de détruire. Il pouvait prendre possession de
tous les biens du vaincu et ce butin de guerre devenait
pour lui une propriété qui était considérée comme
assise « sur la plus solide des bases ».

Au moyen âge, même pratique, mais guidée par

dès raisons politiques, la coutume atténue cependant la barbarie de la guerre : Bynhershœck (1), Grotius (2), Vattel (3) et de Martens (4) admettaient encore, au xviiie siècle, la confiscation des biens privés aussi bien que celle de ceux des souverains. Mais, lorsqu'au xviiie siècle les philosophes proclamèrent que la guerre n'est pas une relation d'hommes à hommes, mais d'Etat à Etat, le principe dut changer; les particuliers, en effet, restent en dehors des conflits, et ils ne doivent en supporter que les conséquence inévitables. Les biens propres des souverains jouissent, eux aussi, de cette immunité, et la toute puissance du vainqueur est même limitée à l'égard des biens de l'Etat vaincu. Au reste, un Etat peut-il confisquer à juste titre par le seul fait de l'état de guerre, une propriété qu'il a permis d'acquérir en temps de paix, en vertu de ses propres lois (5) ?

Le principe du respect de la propriété privée, tant immobilière que mobilière, des sujets ennemis, est aujourd'hui universellement admis (6); certains la déclarent même inviolable, elle ne peut être détruite inutilement ni confisquée, et ne doit pas non plus

(1) *Quaestiones juris publici*, lib. I, cap. 7.
(2) Voyez Grotius : *De jure belli ac pacis*, livre III, ch. V.
(3) Voyez Vattel : *Le Droit des Gens*, livre III, ch. V, § 73.
(4) Voyez de Martens : *Précis*, t. II, p. 279.
(5) Voir Massé : *Le Droit commercial dans ses rapports avec le Droit des Gens.*
(6) Voir Fauchille : *Traité de D. I. P.*, tome II, p. 270. — Nys : *L'Occupation de guerre*, 1919, p. 27. — En sens contraire pourtant, Travers-Twiss : *Le Droit des Gens*, t. II, n° 64, est obligé d'admettre que la pratique des nations chrétiennes respecte la propriété privée.

être gênée dans sa libre exploitation. Et Bluntschli (1)
consacre cette opinion en disant : « Le vainqueur
doit respecter la propriété privée. Ceux qui, volontairement ou par vengeance, détruisent ou endom-
magent la propriété privée d'autrui, violent le Droit
international et doivent être punis».

Le principe fut admis définitivement dès 1785
et adopté dans un traité entre la Prusse et les Etats-
Unis; il le fut en France en 1789, mais son application
laissa, il est vrai, à désirer, bien que reconnu dans
des ordres du jour du général Bonaparte à l'armée
d'Italie (2), dans la loi du 14 nivôse an III, le décret
du 21 novembre 1806, dans l'ordre du jour adressé
en Prusse le 8 août 1870. Il est inscrit dans les instructions américaines aux armées en campagne
(art. 38), dans la Déclaration de Bruxelles de 1874,
et dans le Manuel d'Oxford aux troupes anglaises
(art. 54), enfin les règlements de la Haye de 1899 et
de 1907 (art. 23 dans l'un, 46 dans l'autre) ne font
que le confirmer.

Mais ce principe du respect de la propriété privée,
comme celui du respect des libertés des sujets ennemis,
comporte des restrictions imposées par les « nécessités de la guerre ». « Les atteintes à la propriété
privée ennemie ne peuvent, sur mer comme sur terre,
être excusées que par les nécessités militaires (3). »

---

(1) Bluntschli : plus haut cité, art. 652 et 653 : *Droit international
codifié.*
(2) Ordres du jour des 22 avril et 11 juin 1796.
(3) Discours de M. Choate : *Conférence internationale de la Paix.*

Et ces restrictions ont dû être admises par tous les publicistes, juristes ou militaires, même lorsqu'elles aboutissent à la destruction et à la confiscation de tout ce qui peut être nécessaire pour la sécurité ou la défense de l'armée. (1).

Le respect de la propriété privée se résume alors à l'interdiction du pillage, de la confiscation ou de la destruction sans bénéfice appréciable pour la conduite des hostilités, sauf encore à titre de représailles (2). « Ce qui est vrai, c'est qu'il est interdit de détruire la propriété privée de l'ennemi pour le seul plaisir de la détruire, d'une manière systématique, sans que le belligérant en tire un avantage correspondant ».

Et la Déclaration de Bruxelles de 1874 (art. 13 g), le Manuel d'Oxford de 1880 (art. 32), les instructions américaines (art. 15 et 37), les règlements de La Haye de 1899 et de 1907 (art. 23) prévoient ces restrictions.

Mais l'immunité relative dont jouit la propriété privée a été, par contre, étendue dans les mêmes textes aux biens des collectivités autres que l'Etat, et l'article 8 de la Déclaration de Bruxelles, repris par l'article 51, alinéa 1, des Conventions de La Haye,

---

t. III, p. 756 ; *op. cit* par Charles Dupuis, dans *Le Droit de la Guerre maritime*, p. 58.

(1) Voyez Travers-Twiss : *op. cit.*, t. II, introduction. — Pasquale Fiore, dans son *Droit international codifié*, art. 1052, § 2 ; 1063, 1066, § 2. — Bluntschli : art. 652 précité. — Klüber : *Droit des Gens moderne de l'Europe*, t. II, section II, chap. 1, § 262. — Wheaton : *Eléments*, part. 4, chap. II.

(2) Voir Geffcken sur Heffter : précité, § 136, note 4.

prévoit le respect des propriétés des communes, tandis que l'article 54 du Manuel d'Oxford édicte plus généralement le respect de la propriété « individuelle et collective ».

Quant à la propriété privée mobilière, même quand elle a été légitimement confisquée, elle doit être restituée lors de la conclusion de la paix.

Malgré les restrictions apportées au respect de la propriété privée individuelle des sujets ennemis, ce qui restait du principe fut très rarement observé durant les dernières guerres.

En 1870-1871, la ruine de la France fut cherchée par tous les moyens : destruction, dévastation, pillage, réquisitions et contributions même illégitimes furent employés (1).

Même système fut repris par les Chiliens contre le Pérou, en 1879 (2). Les Grecs cependant respectèrent le principe lorsqu'ils envahirent l'Épire, malgré que les Turcs eussent établi des conditions draconiennes contre les sujets grecs restés chez eux. Ceux qui voulurent y demeurer durent abandonner leur nationalité; les autres durent, avant de partir, fournir des garanties, et il leur fut interdit de vendre leurs immeubles, sauf à des nationaux turcs qui les rachètent évidemment à vil prix (3).

Les Américains l'ont encore strictement observé

---

(1) Voir Rouard de Card : *La Guerre continentale et la Propriété*, chapitre III, p. 145 et suiv.

(2) Voir Pradier-Fodéré : t. VI, p. 1410.

(3) Voir Politis : R. D. I., 1897, t. IV, p. 526, 684, 704 et suiv.

dans la guerre hispano-américaine de 1898, durant l'occupation de Porto-Rico, Cuba et des Philippines (1).

Lors de la guerre du Transwaal (1899-1900), les Anglais, prétextant que les Boers avaient détruit les propriétés minières anglaises, alors que le plus souvent ils y avaient seulement réquisitionné l'or nécessaire à la conduite de la guerre, ce qui était légitime, ont été loin d'appliquer aussi strictement le principe (2).

Après avoir commis des abus en 1894, durant la guerre contre la Chine, le Japon (3) a, par contre, respecté le principe en 1904, à l'égard de la Russie.

Mais, pendant les guerres balkaniques, la propriété privée fut de nouveau l'objet des pires attentats ; les Bulgares, en 1913, détruisaient, incendiaient, pillaient systématiquement ; ils sont même allés jusqu'à considérer tous les biens abandonnés comme des biens sans maîtres, dont l'Etat bulgare pouvait prendre possession (4).

Et pourtant tous ces abus, tous ces excès, toutes ces violations flagrantes du Droit international ne furent que jeux d'enfant, comparés à ceux que nous firent subir, à nous et à nos alliés, nos ennemis de la guerre de 1914 à 1918. Nous ne parlerons pas de

---

(1) Voir Le Fur : R. D. I., 1898, t. V, p. 677 et suiv., 810.

(2) Voir Despagnet : R. D. I., t. VII, 1900, p. 695 et suiv., 1901, t. VIII, p. 174 et suiv.

(3) Voir Ariga, *La Guerre Russo-Japonaise*, p. 77 et suiv. et p. 351 et suiv.

(4) Voir *Le Temps*, 10 et 14 juillet 1913. — *Journal des Débats*, 3 avril 1913.

ces atteintes au droit des gens, ni des confiscations
et des réquisitions que durent supporter nos pays
occupés par l'ennemi, car nous avons restreint notre
sujet à l'étude des mesures prises sur notre territoire
pour assurer le respect de la propriété privée ennemie (1).

Nous avons été, nous aussi, contraints de porter
de graves atteintes au principe. En effet, comme en
ce qui concerne les personnes elles-mêmes, des restrictions ont dû être imposées à la liberté de jouissance et de disposition de la part des sujets
ennemis.

Ces restrictions étaient du reste, en corrélation directe
avec les mesures prises dans le livre premier contre
les sujets ennemis eux-mêmes. Par suite de leur internement ou de leur expulsion, à cause aussi des interdictions de commercer et d'ester en justice, ces sujets
ennemis étaient dans l'impossibilité absolue de continuer à assurer la surveillance de leurs biens restés
sur notre territoire; pour éviter leur dilapidation
et leur destruction, on a pourvu à cette surveillance;
et c'est là l'origine de la mise sous séquestre; l'administrateur-séquestre, au début, avait pour mission
essentielle de conserver les biens ennemis.

Mais il faut convenir que, même sans cette raison,
nous aurions été obligés par la nécessité militaire

____

(1) Lire cependant, à titre documentaire : Rapports des Commis-
sions d'enquête belges, françaises et britanniques dans le Nord de
la France, R. D. I., 1917. — Paul Fauchille : R. D. I., t. XXII,
p. 260; t. XXIII, p. 280. — Discours Couyba au Sénat, 15 octobre
1918.

de restreindre la liberté de jouissance et de disposition de la propriété privée ennemie. L'interdiction de commercer visait essentiellement à supprimer les paiements à des sujets ennemis; s'ils avaient gardé l'entière jouissance et la libre disposition de leur propriété privée, ils auraient pu obtenir ce que l'on s'efforçait de réduire en leur interdisant les relations commerciales; rien en effet n'aurait pu les empêcher, par des moyens détournés (interposition de personnes, vente simulée, etc.), de nous frustrer au profit de leur pays, en y faisant rentrer nos capitaux et en diminuant, en outre, notre « gage économique».

Tels seront les buts poursuivis par l'institution des séquestres, dont l'étude va faire l'objet des chapitres qui vont suivre; il en résulte que les administrateurs de ces biens séquestrés en seront à la fois les gardiens, mais seront davantage encore les représentants de l'État français.

Tout le statut des biens des sujets ennemis, demeurés sur notre territoire, est donc dominé par la mesure unique de la mise sous séquestre, qui est toujours l'aboutissement de toutes les interdictions.

Ce qui constitue l'originalité de la matière, c'est que, vu son importance, elle n'a pas, à son origine, fait l'objet d'une organisation législative quelconque.

A la suite du décret du 27 septembre 1914, portant interdiction générale de commercer avec les sujets ennemis, le président du Tribunal civil du Havre, dans une ordonnance du 2 octobre 1914, ordonna la saisie de marchandises en litige dans les docks.

du Havre. Le Garde des Sceaux, dans une circulaire
du 8 octobre 1914 (1), relève cette décision qui lui
paraît « de nature à faire jurisprudence », à l'encontre
de celles rendues par d'autres juridictions, notamment
par le Tribunal de commerce de Nancy (2), qui avait
injustement mis en état de faillite deux maisons
dont les propriétaires avaient rejoint l'Allemagne
quelques jours avant la déclaration de guerre, sans
cependant qu'elles se soient jamais vues dans l'obligation de cesser leurs paiements.

Le 14 octobre, une nouvelle circulaire du Garde des
Sceaux invita les procureurs généraux à lui rendre
compte de toutes affaires similaires où il serait fait
application de la décision du Havre, ou des autres
mesures prises pour assurer l'observation du décret
du 27 septembre 1914.

Il était d'autant plus urgent de prendre des mesures
rapides, que les intérêts ennemis en France étaient
nombreux et de grande importance, tant en créances
commerciales qu'en participations industrielles. Qu'on
se représente seulement le chiffre des capitaux allemands engagés dans la grande firme de champagne
Mumm et Cie à Reims, la Badische Anilinfabrik à
Lyon, et la Société des Hauts Fourneaux de Caen,
dont Thyssen possédait les deux tiers des actions.

Aussi, dès le 13 octobre, une circulaire du Garde

____

(1) J. O., 9 octobre 1914.
(2) Trib. com. Nancy, 2 déc. 1914 et 24 mars 1915 : R. D. I. P.,
1914-1915, p. 503. — Ces deux décisions ont du reste, à juste titre,
été annulées par la Cour d'appel.

des Sceaux orientait définitivement la jurisprudence dans le sens de la décision du président du Tribunal civil du Havre, en invitant les présidents de Cour d'appel et les procureurs généraux « à faire procéder à la saisie et à la mise sous séquestre » de tous les biens dépendant de maisons allemandes, autrichiennes ou hongroises, qu'elles aient ou non « cessé leurs opérations depuis la déclaration de guerre », et une autre circulaire du même jour indiquait aux préfets le rôle qu'ils devaient remplir.

Le 3 novembre, une nouvelle circulaire du Garde des Sceaux, après avoir invité les Tribunaux à provoquer la mise sous séquestre « de toutes marchandises, de tous biens et généralement de toutes valeurs mobilières et immobilières dépendant des maisons ennemies », complétait celle du 30 octobre et réglait la nomination et les pouvoirs des administrateurs-séquestres ; celle du 4 novembre en organisait le contrôle, tant par la justice que par l'Administration des domaines, contrôle définitivement mis au point par celle du 5 décembre 1914.

Le Garde des Sceaux, dans une circulaire du 14 novembre, insistait sur le caractère purement conservatoire de la mission de ces administrateurs-séquestres et sur la limitation de leurs pouvoirs, la continuation de l'exploitation devant être, ainsi que nous le verrons, exceptionnelle et limitée aux seuls cas où les intérêts nationaux la justifieraient.

C'est encore une circulaire, celle du 17 mars 1915, qui a établi le mode de rétribution des séquestres.

Puis, sans qu'aucune loi ait confirmé formellement cette organisation, celle du 4 avril 1915 le fait tacitement, en édictant des sanctions pénales contre les infractions à l'interdiction d'entretenir des relations d'ordre économique avec les sujets d'une puissance ennemie.

Et la loi du 22 janvier 1916 a ratifié ensuite toutes les mesures prises jusqu'alors, en prévoyant la mise sous séquestre de tous les biens ennemis de quelque nature qu'ils soient, dont elle ordonne la déclaration, ce qui facilite considérablement son exécution.

Ainsi que l'a montré cette rapide énumération des textes relatifs au séquestre, les lois n'ont aucunement réglementé la matière qui découle des circulaires et de l'application qu'en a faite la jurisprudence, dont le rôle a été considérable. « Évidemment, quelles que soient l'autorité et l'importance pratique de ces circulaires, elles ne sauraient avoir la prétention de créer ainsi un droit purement nouveau, si elles ne s'appuient sur des principes juridiques antérieurs dont la recherche s'impose (1). »

C'est ce fondement et cette nature juridique de la mise sous séquestre que nous allons rechercher dans le chapitre Ier.

Nous traiterons, dans le chapitre II, des sujets ennemis qui y furent soumis.

L'étude de l'application du séquestre, selon les biens auxquels il a été imposé, meubles, immeubles,

---

(1) Voir A. Henry : Les séquestres des biens des sujets ennemis en France et en Allemagne. R. D. I. P., 1915-1916, p. 457 et suiv.

sociétés, sociétés d'assurances, enfin propriété industrielle, littéraire et artistique fera l'objet des chapitres suivants.

Dans le chapitre VII, nous étudierons le fonctionnement des séquestres et, notamment, la nomination, les pouvoirs et le contrôle des administrateurs-séquestres.

Enfin, dans un dernier chapitre, nous résumerons brièvement le sort fait aux biens ennemis dans les traités de paix.

CHAPITRE PREMIER

§ 1. — Fondement juridique et légitimité du séquestre

On a voulu trouver à l'institution du séquestre un fondement juridique tiré du droit interne (1) et notamment du Code civil, dont les articles 1955 et suivants signalent l'existence d'un séquestre, mais celui-ci ne semble pas pouvoir être assimilé à la mise sous séquestre créée durant la guerre. Alors que le séquestre du Code civil, qu'il soit conventionnel ou judiciaire, est un simple dépositaire d'une chose contentieuse pendant la durée du litige, combien plus étendue a été la mission de l'administrateur-séquestre de la guerre, qui ne fut pas seulement chargé de conserver, mais aussi d'administrer et quelquefois même de liquider des biens appartenant à des sujets ennemis.

Cette institution présenterait déjà plus d'analogie, quant à la nomination, avec celle prévue par le président du Tribunal civil en vertu de son pouvoir général de juridiction gracieuse dérivant de l'article 54 du décret du 30 mars 1808; mais il y a, ici encore,

____

(1) Voir A. Henry (précité, note 1, p. 109), p. 462.

une différence importante entre les deux institutions :
dans le premier cas, les administrateurs séquestres
ainsi nommés étaient chargés de conserver les intérêts
d'individus décédés ou absents ; ceux de la guerre
étaient, avant tout, chargés du contrôle des intérêts
d'individus vivants, «dans un but de défense nationale».

Cette mesure se rapprocherait davantage des
séquestres pris pendant la Révolution contre les
biens d'émigrés, ou en général des mesures prises
à l'occasion des guerres que la France a soutenues (1) ;
mais, tandis que ces mesures furent souvent une erreur
et un abus des assemblées révolutionnaires qui, en
vertu de la maxime *Salus populi, suprema lex esto*,
traitèrent comme criminels les émigrés qui avaient fui
les émeutes des villes, pour aboutir à une véritable
confiscation de leurs biens, la mise sous séquestre,
telle qu'elle a été appliquée durant la guerre à des
sujets ennemis suspects et dangereux, fut, au contraire, parfaitement légitime. En réalité, le fondement
juridique véritable du séquestre est tiré du Droit
international et sa légitimité sera facilement justifiée par des nécessités d'ordres militaires et économiques.

1° La France avait le droit d'empêcher les sujets
ennemis restés sur son territoire de fournir des
subsides, tant en argent qu'en nature, à leur nation.
Elle leur avait interdit de commercer (2) ; mais ces
précautions eussent été insuffisantes et les fraudes

____

(1) Voir Reulos : *Manuel des Séquestres*, p. 261.
(2) Nous l'avons vu dans le livre premier, chapitre II.

auraient aisément tourné les difficultés, l'immobilisation des biens ennemis s'imposait, et elle était parfaitement légitime.

2° Elle devait aussi, c'était de la plus élémentaire prudence, se constituer grâce au séquestre un « gage économique », une monnaie d'échange qui lui permit, lors de la conclusion de la paix, de s'indemniser, si besoin était, sur les biens gardés en gage, d'une partie des exactions commises par les ennemis. Pourtant, en aucun cas, les biens privés des sujets ennemis ne devraient être garants des délits internationaux commis par le Gouvernement national de leur propriétaire; il y a là certainement un abus, mais un abus nécessaire (1).

Maintes fois, pendant la guerre, presse et parlementaires s'insurgèrent contre la modération de notre institution, cherchant à obtenir la confiscation pure et simple de ces biens. M. Gaudin de Villaine se fit l'organe de cette opinion au Sénat (2); M. de Monzie, député, M. Léon Daudet la réclamèrent par la presse (3), soutenant que notre système laissait échapper trop de sujets ennemis; les syndicats eux-mêmes se mettaient de la partie, mais le plus souvent dans un but plus personnel, car, en obtenant la liquidation de maisons ennemies, ils supprimaient du même coup des concurrents gênants.

---

(1) Gidel et Barrault : *Le Traité de Paix avec l'Allemagne du 28 juin 1919 et les Intérêts privés*, p. 13.
(2) Sénat, 2 août 1915. — *J. O.*, 3 août 1915, p. 79.
(3) *Petit Journal*, 17 novembre 1914.

Malgré toutes ces attaques, l'institution du séquestre subsista à juste raison ; le Garde des Sceaux, dans sa réponse, fit, en effet, observer que la confiscation demandée eût porté « une atteinte ruineuse » aux intérêts du pays ; l'aboutissement de la liquidation générale des biens ennemis aurait eu pour seul résultat une « volatilisation d'actif » qui aurait, en même temps, porté un coup terrible au commerce français, en lançant sur notre marché d'importantes quantités de marchandises.

3° La France devait enfin, pour ne pas être mise dans un état d'infériorité préjudiciable à ses intérêts futurs, répondre au décret allemand du 7 août 1914, suspendant pour les personnes résidant à l'étranger l'exercice en justice de tous leurs droits patrimoniaux, ce qui mettait nos nationaux dans l'impossibilité de défendre ces droits, et à la Déclaration du 4 septembre suivant, qui a mis les entreprises ennemies en surveillance.

En créant le séquestre, nous n'avons fait qu'user d'une légitime mesure de représaille, que le droit international a toujours admis.

Notre institution est du reste toujours restée très modérée, et c'est avec raison que, dans la réponse dont nous venons de parler, le Garde des Sceaux a rendu hommage à notre magistrature qui, dans chaque espèce à elle soumise, a agi en conscience, respectant le droit et la justice dans l'application des mesures édictées.

La France aurait pu cependant justifier aisément de nombreux abus, en invoquant l'équité des repré-

sailles à l'égard d'un ennemi qui n'avait cessé de fouler
le droit sans aucun scrupule et qui déchirait les enga-
gements pris comme de vulgaires chiffons de papier.

§ 2. — Nature juridique du séquestre

Les partisans de la confiscation voyaient dans le
séquestre une mesure préparatoire à la liquidation
générale des biens ennemis et à la confiscation de tous
ces biens liquidés, qui devait en résulter.

Jamais le Gouvernement ne l'a considéré comme
tel.

Le séquestre a été créé, sans aucun doute, dans
l'intérêt primordial de l'Etat, dont l'administrateur-
séquestre est le représentant ; les circulaires ci-dessus
énumérées sont toutes en ce sens : « Vous n'oublierez
pas que vous avez à agir dans ces affaires au nom
et comme représentants de l'intérêt public. C'est
cet intérêt dont la sauvegarde doit être assurée par
tous les moyens judiciaires appropriés ».

« La mission des séquestres ainsi nommés, dit
encore le Garde des Sceaux dans une circulaire du
3 novembre 1914, à la différence de celle qui avait
été confiée à quelques administrateurs par des Tribunaux de commerce, n'est pas d'assurer, aux
lieu et place des chefs ou propriétaires empêchés,
la marche des affaires des maisons placées sous la
main de justice. En principe, elle a un caractère
purement conservatoire. »

L'administrateur séquestre est donc chargé de la conservation du patrimoine ennemi, et déjà, dans son ordonnance du 8 octobre, le président du Tribunal civil du Havre, après avoir justifié la mainmise de la justice par les intérêts d'ordre public, fait observer, dans ses « attendu » que ces mesures purement conservatoires et provisoires ne sont pas de nature à porter atteinte aux intérêts de qui que ce soit ». Nous approfondirons davantage cette étude dans le chapitre relatif à la mission et au pouvoir de l'administrateur séquestre.

Et, dans sa circulaire du 13 novembre 1914, le Garde des Sceaux fait remarquer qu' « il convient d'ailleurs de ne pas perdre de vue que la mise sous séquestre des biens appartenant à des sujets allemands, autrichiens ou hongrois, n'a pas et ne peut, en aucun cas, prendre le caractère d'une mesure de spoliation; elle ne procède pas d'une idée de confiscation et, loin de tendre directement ou indirectement à une expropriation, elle doit, conformément aux intentions du Gouvernement, demeurer toujours purement conservatoire. Elle est essentiellement destinée, en ce qui concerne les maisons allemandes ou austro-hongroises qui pratiquaient le commerce, l'industrie ou l'agriculture en France, à empêcher que les nations ennemies ne puissent, au moyen de ces établissements, bénéficier, pendant la guerre, de l'activité économique de notre pays; on ne saurait, sous aucun prétexte, la faire servir à d'autres fins... »

Jamais nos tribunaux n'ont, au reste, négligé

ces intérêts privés (1). Grâce à l'impulsion gouvernementale et grâce aussi à l'esprit de nos magistrats, l'institution du séquestre a été la réalisation d'une conception juste et saine qui, tout en mettant au premier rang la sauvegarde des intérêts primordiaux de la défense nationale, s'est efforcée d'assurer la protection et la conservation de la propriété privée ennemie, résultat auquel nos ennemis eux-mêmes ont rendu justice à maintes reprises (2).

En résumé, la mise sous séquestre se justifiait par l'intérêt des propriétaires afin de sauvegarder leur patrimoine, par l'intérêt des tiers et principalement des créanciers, intérêts dont il fallait tenir compte, même en l'absence des propriétaires. Elle se justifiait encore par le besoin de limiter l'action de ces créanciers, pour éviter la dilapidation des patrimoines ennemis au détriment des autres créanciers même ennemis qui auraient pu se présenter par la suite. Elle se justifiait enfin même en l'absence de ces divers intérêts, par le seul intérêt général, pour qui cette conservation à titre de gage était un motif suffisant à lui seul.

Nous nous associerons aussi à l'hommage rendu par le Garde des Sceaux (3) à la plupart des administrateurs séquestres, dont le choix judicieusement fait parmi des fonctionnaires susceptibles de remplir au mieux les fonctions souvent délicates dont ils étaient

----

(1) *J. O.* Doc. parl. 1915, p. 142.
(2) Voir *Neue Freie Presse*, de Vienne, le 15 août 1916.
(3) Dans sa réponse précité à M. Gaudin de Villaine.

chargés, a étayé plus fermement encore la légitimité des mesures prises.

Une intervention législative à l'origine eût-elle été profitable? Une loi aurait établi un régime plus uniforme et partant plus rigide, une mesure pour tous évitant l'arbitraire et les divergences d'opinion de la jurisprudence; mais il semble que, par suite de la différence et de la multiplicité des causes, l'institution avait besoin d'une souplesse particulière laissant quelque latitude à l'appréciation des juges (1). C'est précisément dans cette souplesse que résidait l'avantage de notre régime.

L'institution du séquestre justifiée, étudions maintenant son application; la question qui se pose immédiatement est celle de savoir quels sont les sujets ennemis soumis au séquestre; c'est l'objet du chapitre II.

____

(1) En ce sens, M. Faillot, député : *J. O.*, Documents parlementaires, 1915, p. 142.

CHAPITRE II

SUJETS ENNEMIS SOUMIS AU SÉQUESTRE

Il importe de remarquer immédiatement que la loi du 22 janvier 1916, et quelques-unes des nombreuses circulaires qui l'avaient précédée, avaient employé à dessein l'expression générale de ressortissants ennemis au lieu de celle plus limitée de sujets ennemis, voulant ainsi marquer qu'on entendait soumettre au séquestre tout ce qui, à un titre quelconque, pouvait être sous la dépendance de l'ennemi (1) : parts sociales, sociétés, etc., sans borner uniquement cette mesure aux biens appartenant aux seuls sujets de nationalité ennemie.

Le séquestre n'est pas, pour autant, appliqué indistinctement à tous les sujets ennemis; nous retrouvons ici des différences analogues à celles que nous avons notées dans la partie relative aux personnes.

1° Certains, c'est le cas des sujets allemands-

____

(1) Il est intéressant, à ce sujet, de consulter la jurisprudence relative à la mise sous séquestre du château de Chambord, appartenant au prince de Bourbon-Parme : mise sous séquestre, qui a été maintenue malgré la nationalité non autrichienne du propriétaire, qui est en réalité un heimatlos, mais dont les attaches ont suffi à en faire un ressortissant autrichien.

austro-hongrois et sujets des colonies allemandes ou dénaturalisés de ces mêmes nationalités, y sont toujours soumis.

Après avoir hésité, quant à l'application rigoureuse de cette solution à ceux qui étaient munis d'un permis de séjour et avoir répondu à M. Denais, député, le 11 novembre 1915 (Cf. *R. D. I. P.*, 1917, p. 205) que l'application à leur égard des sanctions pénales prévues par la loi du 4 avril 1915 devait être résolue « suivant les circonstances particulières à chaque espèce », la Chancellerie s'est prononcée en principe pour la solution la plus stricte (1) et, le 6 mars 1918, le Ministre de la Justice répondait à M. Moutet, député (Cf. *Journal officiel*, 12 mars 1918, p. 1016), qui avait demandé la mainlevée du séquestre pour tous ceux qui avaient obtenu des permis de séjour, que « le texte du décret du 27 septembre 1914 ne fait aucune distinction entre les sujets ennemis suivant qu'ils ont ou non des permis de séjour » (2).

Le permis de séjour n'est qu'une mesure administrative, de pure faveur « qui ne peut, à aucun titre, en l'état actuel de notre législation, relever son détenteur des incapacités juridiques dont il est frappé par un texte formel ».

Mais le Garde des Sceaux autorise des adoucissements de fait, en les basant sur « les intentions du

_____

(1) Voir les réponses à M. Guichenné, R. D. I. P., 1917, p. 447 ; — à M. Gırod, 24 octobre 1916 : R. D. I. P., 1918, p. 312 ; — à M. Perret, 16 mai 1918 : J. O., 2 juin 1918.

(2) En ce sens, Cour d'appel Paris, 10 juillet 1917, R. D. I. P., 1917, p. 549.

Parlement »; sa lettre au procureur général près la
Cour de Paris et ses réponses précitées des 12 mars
et 2 juin 1918 sont inspirées de cet esprit. Aussi,
même des sujets ennemis, ont-ils souvent été exemptés du séquestre.

Ce système fut certainement avantageux pour le
Gouvernement; il fut, par contre, terriblement dangereux pour les tiers; aussi l'article 8 des projets
rectificatifs de décret du 27 novembre 1914, le
premier du 22 décembre 1914, le second du 22 novembre
1916 — prévoyait-il l'atténuation de la rigueur
dans certains cas, notamment en faveur des bénéficiaires de permis de séjour.

2° Le décret du 7 novembre 1915 aurait dû aboutir
à l'application du même régime à l'égard des sujets
bulgares. Le *Temps* du 24 novembre 1915, constate
qu'à cette date, et pour la première fois, des ordonnances de mise sous séquestre de biens appartenant
à des sujets bulgares ont été rendues par le président
du Tribunal de la Seine; mais la pratique suivie fut
différente, et pour des raisons d'ordre diplomatique
et politique, de même qu'ils ne furent presque jamais
l'objet de mesures d'internement, les mesures de
séquestre ont été limitées à des cas tout à fait exceptionnels (1), cités dans une circulaire du 20 décembre

---

(1) Cette constatation est faite par le même président du Tribunal
de la Seine, qui avait prononcé les premières ordonnances de mise
sous séquestre dans une ordonnance du 27 juin 1916. R. D. I. P.,
p. 501. — Voir aussi : *Gaz. des Tribunaux*, 21 décembre 1915; Clunet
1915, p. 1161. — et Reulos : *Manuel des Séquestre, op. cit.*, p. 232.

1915 non publiée, mais dont les termes ont été rappelés par celle du 29 février 1916.

Par contre, on leur refusa presque toujours le bénéfice des décrets moratoires (1), et les relations commerciales demeurèrent, nous l'avons vu, prohibées.

3° Les sujets ottomans qui, eux, n'étaient visés par aucun texte ni aucune circulaire, furent, pour des considérations du même ordre que celles ci-dessus, l'objet d'un régime encore plus favorable. Ils étaient, à nos yeux, victimes de la néfaste influence du parti Jeune-Turc germanophile, et nous ne voulions pas nous décider à les considérer comme ennemis. Ils ont pu, en effet, commercer et contracter (2), mais le moratorium des loyers leur fut refusé (3) en l'absence de permis de séjour. Le décret du 22 janvier 1916, d'autre part, qui ordonne la déclaration des biens appartenant à des sujets ottomans, n'entraîne nullement la mise sous séquestre de ces biens; exception fut faite cependant, dans l'intérêt de la défense nationale, pour l'établissement de la Banque Ottomane, à Paris; c'était, en effet, un établissement public de l'Etat ottoman, dont elle était l'organe financier, aussi a-t-elle à juste titre été séquestrée (4).

4° Dès la première circulaire prescriptive de séques-

---

(1) En ce sens, Justice de paix, Paris, IXe, 25 oct. 1915. R. D. I. P., p. 60.

(2) Voir livre I, chapitre II supra, et Clunet, 1916, p. 266 et suiv.

(3) L'article 9 du décret du 20 décembre 1915 ne les mentionnant pas. — Voir Trib. civ. Seine, 24 nov. 1915, Clunet 1916, p. 266.

(4) Tribunal civil Seine, 12 nov. 1914, Clunet 1916, p. 257.

tre, le 14 octobre 1914, le Garde des Sceaux prévoyant
l'exemption du séquestre à l'égard des Alsaciens-
Lorrains (1), des Polonais et des Tchèques (2), celle
du 16 octobre 1914 les relevait des interdictions
générales édictées dans le décret du 27 septembre 1914
et leur accordait le moratorium des loyers (3), lorsqu'ils étaient munis d'un permis de séjour.

Mais cette exemption devait être l'objet d'une décision spéciale, soumise à l'appréciation des Tribunaux ;
en aucun cas, le permis de séjour ne pouvait constituer un titre suffisant pour la justifier (4) ; elle ne
fut jamais un droit, mais une faveur qu'il fallait
mériter. Aussi la tâche des Tribunaux fut-elle pénible
en cette matière ; et la même cause, vue sous un jour
différent selon les considérants envisagés, entraînait
des solutions divergentes (4).

Une fois cette exemption obtenue, le régime auquel
ils étaient soumis était analogue à celui des nationaux français ou alliés.

Toutefois, il n'en demeure pas moins certain que
l'exemption n'était qu'une mesure de faveur, qui
pouvait être supprimée ou rétractée sans qu'on eût
à considérer les causes qui l'avaient motivée.

---

(1) Tribunal civil Seine (Référés), 27 avril 1915. — Cour de Paris,
9 mars 1916. R. D. I. P., 1915-1916, p. 513 et suiv. ; Clunet 1916,
p. 982. — Voir Henry, précité, p. 468. — Troimaux, p. 519.
(2) Trib. civ. Mortain, 6 sept. 1915, Clunet 1915, p. 1155 ;
Cour de Caen, 3 nov. 1915 ; R. D. I. P. p. 507.
(3) Trib. civ. Seine (Référés), 12 nov. 1914, Clunet 1916, p. 257.
(4) Voir affaire Jules Dreyfus précitée, note 1. — Cour de Paris,
9 mars 1916.

Les sujets ennemis, en effet, pour éviter la mise sous séquestre, invoquaient des origines alsaciennes-lorraines, polonaises ou tchèques (1), d'autres cédaient frauduleusement leurs créances françaises à des banques neutres. Les sociétés avaient recours à l'interposition d'une entreprise neutre (2) ou, comme la Parfumerie du quai d'Orsay, prétendaient avoir été l'objet d'une liquidation qui, en réalité, n'avait pas eu lieu (3). Les Tribunaux se sont efforcés de découvrir ces fraudes de toute nature et le retrait de l'exemption demeurait toujours possible.

Ces fraudes, en outre, dès qu'elles comportaient la mauvaise foi comme élément constitutif (4), tombaient sous le coup de la loi pénale du 4 avril 1915 et des articles 400 et 463 du Code pénal, et la dissimulation, eût-elle été partielle, devait être assimilée au détournement (5), quant à la répression pénale.

Par contre, des mainlevées de séquestre pouvaient être obtenues lorsqu'une fausse nationalité avait été attribuée par erreur au séquestré et lorsqu'il pouvait prouver cette erreur, ou encore lorsqu'il pouvait établir que, de par sa situation, il n'était pas compris dans les personnes visées par le décret du 27 septembre 1914. Constituaient, en effet, des causes exceptionnelles justifiant la mainlevée du séquestre,

(1) Trib. civ. Seine (Référés), 9 mai 1916, Clunet 1916, p. 1270.
(2) Trolmaux : *op. cit.*, p. 139.
(3) Voir Clunet, 1916, p. 1280.
(4) En ce sens, Trib. corr. Seine, 19 juillet 1915, Clunet 1916, p. 604.
(5) Conseil de guerre Paris, 15 octobre 1915, Clunet 1915, p. 1703.

l'engagement d'un sujet ennemi, la présence de fils dans notre armée ou la justification d'un engagement à la légion étrangère (1).

Ces seuls motifs, bien entendu, ne légitimaient pas, *ipso facto*, la mainlevée du séquestre; pour l'obtenir, les séquestrés devaient avoir mérité la faveur qui leur était faite en faisant montre de sentiments français. Cette considération était laissée à l'appréciation des Tribunaux, qui devaient, à cet effet, se munir de tous les renseignements qu'ils pourraient recueillir, en se livrant à des enquêtes approfondies relativement aux sentiments, aux antécédents mêmes antérieurs à la guerre, et surtout à l'ascendance des séquestrés mis en cause. Et, selon les considérants envisagés, les juridictions compétentes n'ont pas toujours été du même avis (2).

Lorsqu'elles étaient justifiées, les mainlevées étaient obtenues, après demande au procureur de la République, qui adressait une requête au président du Tribunal, lequel rendait une ordonnance de mainlevée, sinon l'administrateur séquestre pouvait introduire un référé.

Nous n'insisterons pas sur les avantages que

-----

(1) Trib. civ. Seine (Référés), 14 mars 1916, Clunet 1916, p. 985. — 2 décembre 1914, Clunet 1916, p. 963. — 26 décembre 1914, Clunet 1916, p. 966.

(2) Affaire Mathieu Ulmann : Trib. civ. Seine, 13 juin 1915. — 14 juillet 1915 : R. D. I. P., 1915-1916, p. 67. — Trib. civ. Cosnes, 2 avril 1915. — Référés, 2 juillet 1915. — Ordonnance infirmée par Cour d'appel Bourges, 24 novembre 1915 : R. D. I. P., 1915-1916, p. 509.

présentait ce système, au point de vue liberté d'appréciation des juges; toutefois, il eût souvent été prudent et utile, et le Tribunal de la Seine l'avait fait dans quelques cas pour éviter l'exemption complète, de soumettre le sujet en cause à une simple surveillance.

Comment la mise sous séquestre fut-elle appliquée aux différentes sortes de biens appartenant aux sujets ennemis?

Nous allons l'examiner dans le chapitre III.

CHAPITRE III

BIENS SOUMIS AU SÉQUESTRE

Il importe de signaler, dès le début, que la mise sous séquestre fut grandement facilitée par la loi du 22 janvier 1916, relative à la déclaration obligatoire de tous les biens appartenant à des sujets ennemis.

L'application stricte des textes cités dans l'introduction eût abouti à la mise sous séquestre de tous les biens de nature mobilière ou immobilière, à l'exception des instruments de travail appartenant aux sujets ennemis, énumérés dans le chapitre précédent. La réalité ne fut pas aussi rigoureuse, il y a eu des atténuations et même des exceptions, la circulaire du 3 décembre 1914 en prévoit pour les commerces dont le caractère est strictement alimentaire, et celle du 6 avril 1915 admet la possibilité pour les séquestrés d'obtenir des subsides alimentaires, des objets mobiliers, du linge et des vêtements dans la mesure de leurs nécessités.

La règle fut pourtant appliquée assez rigoureusement pour les immeubles, qui n'échappèrent que très rarement à la mise sous séquestre, et les créances de loyers en provenant subirent naturellement le même régime.

Pour les deniers, les titres et les valeurs mobilières, la Chancellerie décida d'abord que l'apposition des scellés à titre purement conservatoire suffisait; ces scellés, du reste, n'étaient apposés qu'après ordonnance du président du Tribunal, sans pour cela requérir la saisie. Les banques étaient, en quelque sorte, constituées séquestre de ces biens, car de l'article 1 du décret du 27 septembre 1914 résultait pour elles l'interdiction de commercer avec les sujets ennemis.

Mais la circulaire du 3 novembre suivant, provoquant la mise sous séquestre de tous les biens sans aucune distinction, appartenant à des sujets ennemis ou à des maisons allemandes, autrichiennes ou hongroises, équivalait à une ordonnance générale de mise sous séquestre.

Elle a eu pour conséquence le fait que les présidents de Tribunaux ont souvent statué dans une même ordonnance, soit pour des sujets différents, soit pour des actes, soit pour des biens totalement distincts; c'est à tort, selon nous, et c'est, en outre, en contradiction formelle avec les dispositions de l'article 3 du Code civil et de l'article 127 du Code pénal (1).

Pour les deniers, la réalisation de la mise sous séquestre fut très simple; ils furent déposés à la Caisse des Dépôts et Consignations, sans qu'ils puissent rapporter d'intérêts à leurs propriétaires.

Les dettes de l'État à des particuliers ennemis ne

(1) Voir *Traité Fauchille*, *op. cit.*, p. 70.

doivent pas non plus être confisquées, mais l'immobilisation de ces fonds publics s'impose davantage
encore; toutefois, dès le rétablissement des relations
pacifiques, la restitution de tous ces titres est indispensable, ils ne sont, en somme, que la représentation
de biens appartenant à des sujets ennemis irrespon-
sables et la nature de « fonds publics » n'a pas à
intervenir.

Il n'y a, du reste, pas lieu de distinguer, pour la
mise sous séquestre des biens ennemis, s'ils sont abandonnés ou non, ou même déposés entre les mains
de nationaux français, et la loi du 22 janvier 1916 (1)
oblige tous les dépositaires, agistes ou gérants de
biens ennemis, à en faire la déclaration sous les peines
les plus sévères.

En ce qui concernait les créances dues à des sujets
ennemis, Bynkershoek et Vattel considéraient leur
confiscation comme le droit commun. Vattel cependant constatait déjà que « l'avantage et la sûreté
du commerce ont engagé tous les souverains d'Europe
à se relâcher de cette rigueur » et que, dès lors, user de
la confiscation eût été contraire à la « foi publique ».
Tous les auteurs modernes partagent, à juste titre,
cette opinion, à l'exception peut-être de Phillimore,
mais ils admettent toujours la mise sous séquestre
de ces créances, et c'est bien la solution rationnelle.

Ces créances constituent, en effet, une forme de la
propriété privée ennemie, qui doit être respectée au

____

(1) En ce sens, voir ordonnance Narbonne précitée, 24 octobre
1914.

même titre que les autres; se faire payer de l'adversaire en quittançant ses propres dettes serait un
procédé très dangereux pour le créancier ennemi qui
en serait l'objet.

Mais le séquestre s'impose, pour toutes les créances
appartenant à des sujets ou à des maisons de commerce ennemis, même lorsque ces créances sont relatives à des contrats antérieurs à la déclaration de
guerre, sauf celles endossées par lettre de change
d'un tiers porteur français avant le décret du 27 septembre 1914. Quant aux effets de commerce établis
postérieurement à la déclaration de guerre, en vertu
de contrats eux-mêmes postérieurs à la guerre, il n'y
a pas lieu d'en envisager la mise sous séquestre, puisqu'ils sont dénués de tout effet juridique.

Cependant, à côté de ces principes généraux, il
faut étudier certaines catégories de biens, qui, de
par leur nature, jouissent de situations particulières,
lesquelles sont quelquefois beaucoup plus favorables;
ce sont celles des parts sociales ou des sociétés, des
sociétés d'assurances et de la propriété littéraire et
artistique appartenant à des sujets ennemis.

CHAPITRE IV

MISE SOUS SÉQUESTRE DES SOCIÉTÉS (1)

Avant la guerre, la jurisprudence suivie, du reste à juste raison, par la grande majorité de la doctrine, déterminait la nationalité des sociétés par leur siège social effectif; de ce siège social dépendait les formalités observées pour leur constitution. Étaient donc considérées comme françaises, toutes les sociétés ayant leur siège en France et constituées conformément à la loi française.

Le danger de cette interprétation est apparu immédiatement après la déclaration de guerre; beaucoup de ces sociétés étaient demeurées ennemies en fait, et déjà, le 13 octobre 1914, dans la circulaire précitée, le Garde des Sceaux invitait les procureurs généraux et les présidents de Cour d'appel à opérer la saisie et la mise sous séquestre des biens de toutes natures appartenant à des maisons enne-

____

(1) Voyez, Barrault : Des entreprises austro-allemandes constituées sous forme de sociétés françaises : R. D. I., 1915, p. 169 et suiv. — Henry précité : R. D. I. P., 1915-1916, p. 470. Cassin : L'interdiction du commerce et des relations économiques avec l'ennemi, R. D. I. P., 1918-1919, p. 409 et suiv. — Thèse Pinoche, p. 70 et suiv. — Reulos : aussi précité, p. 253.

mies, « alors même que, comme dans l'espèce réglée par le président du Tribunal du Havre, elles auraient dissimulé leur véritable identité en prenant la forme d'une société ayant son siège en France et régie par la loi française; et quand bien même elles se seraient abritées sous le couvert d'un tiers de nationalité française, alliée ou même neutre ».

La circulaire du 29 février 1916 précise davantage : « Il ne saurait être fait état, à l'égard des sociétés, de leur nationalité d'apparence. Elle doit être assimilée aux sujets de nationalité ennemie dès que, notoirement, sa direction ou ses capitaux sont en totalité ou en majeure partie, entre les mains des sujets ennemis ».

C'était le grave problème de la nationalité des sociétés qui était ainsi soulevé.

Quelques arrêts seulement et de rares auteurs (1) tendaient à conserver intégralement l'ancien critérium pour cette nationalité; il en serait résulté que de nombreuses sociétés n'auraient, de ce fait, pas pu être séquestrées.

Devant les dangers de l'application de cette théorie, la doctrine et la presse surtout, sapant cet ancien critérium par la base, voulaient faire adopter, comme nouveau fondement de cette nationalité, soit la nationalité du plus grand nombre des actionnaires, soit celle du pays où la société s'est constituée, celle du pays où elle a ses principales attaches, et même

(1) Wahl : *Revue trimestrielle de Droit civil*, 1917, p. 279, n° 66. — *Journal des Sociétés*, 1916, p. 153.

celle qui semblait résulter des sentiments et des tendances des administrateurs de la Société. La solution était certes avantageuse, pourtant, nos tribunaux ont dû se conformer au régime français qui régit la nationalité des sociétés (1).

Mais, faisant abstraction de cette question théorique de la nationalité, nos tribunaux ont pu appliquer à une société dont le caractère ennemi était nettement marqué, l'article 4 du décret du 27 septembre 1914, en recherchant si, en fait, elle n'était pas une personne interposée, par l'intermédiaire de laquelle une entreprise allemande faisait le commerce en France (2).

Cette application, parfaitement légale, devint être consacrée par le projet de loi ratifiant le décret du 27 septembre 1914, l'article 5 de ce projet était ainsi conçu : « Toutes sociétés ou entreprises dont la direction ou les intérêts sont directement ou indirectement sous le contrôle ou la dépendance d'une puissance ennemie ou de ses ressortissants, sont réputées personnes interposées en quelque lieu qu'elles aient leur siège ».

Pour cette recherche de fait, les juges du fonds jouissaient d'un pouvoir souverain d'appréciation et

____

(1) Voir Lyon-Caen : Nationalité des sociétés composées en tout ou partie d'étrangers, dans le *Bulletin social de législation comparée*, 1916, p. 405 et 1918, p. 495. Enfin l'article 5 de la loi de finance du 28 décembre 1915.

(2) En ce sens, Thaller : Esquisse de réforme de la législation des étrangers, particulièrement dans les rapports franco-allemands individus et sociétés. — *Revue politique et parlementaire*, 10 sept. et 10 oct. 1917. — Henry précité, p. 472.

ils devaient interpréter, de la manière la plus large, la notion d'interposition, sans avoir besoin de faire la preuve de la véritable nationalité de la société qui, nous l'avons vu, pouvait rester déterminée par le siège social (1). Le ministère public devait rechercher tout ce qui, en fait, pouvait déceler une interposition de personne (2). Pour ce faire, il ne devait certainement pas perdre de vue le lieu de la rédaction des statuts, la forme qui leur avait été donnée et le siège de la société; mais il devait aussi tenir compte de la composition et des tendances du conseil d'administration, de la direction, de la nationalité de ses dirigeants, des lieux des principaux établissements et enfin surtout de la provenance des capitaux (3). Pour les sociétés de personnes, la question était, en général, rapidement résolue; mais les difficultés étaient beaucoup plus considérables pour les sociétés de capitaux, et c'est pour elles surtout que cette appréciation des faits jouait un rôle très important. Tributaire de capitaux étrangers, une société, quelle qu'elle fût, ne pouvait être française en réalité.

De nombreuses sociétés ennemies s'étaient ainsi camouflées en personnes juridiques françaises, neutres ou alliées (4). Dans ces deux derniers cas, la

____

(1) Lyon, 30 mars 1915, R. D. I. P., 1915-1916, p. 249. — Cassation, 20 juillet 1915, id., p. 251. — Montpellier, 20 janv. 1916, id., p. 256. — Rouen, 19 janv. 1916, id., p. 249.
(2) Seine (Référés), 25 déc. 1915, Clunet, 1916, p. 613.
(3) Aix, 29 juillet 1915; Clunet, 1916, p. 277.
(4) Voir Seine (référés), 25 juillet 1917, Clunet, 1917, p. 225 (Société la Trieste). — Seine (référés), 28 déc. 1915, Clunet, 1916, p. 610 (Société belge La Foraki). — Voir aussi Clunet, 1916, p. 1290.

recherche de cette interposition de personnes était
encore plus délicate; il était nécessaire de requérir
des renseignements des Gouvernements intéressés
et d'y faire confiance, afin de conserver avec eux les
bonnes relations diplomatiques.

Quelle devait être alors la situation d'une société
reconnue personne interposée ?

1° Dans une société de personnes, la mise sous
séquestre serait totale ou partielle, selon que les
intérêts ennemis seraient prépondérants ou non (1).
Mais si la société comptait dans son sein des associés
français, cette solution leur causait un tort considérable; aussi, par suite de ce préjudice, les associés
non ennemis, étaient-ils en droit de demander la
dissolution de la société; ils pouvaient invoquer
l'impossibilité d'une collaboration avec des sujets
ennemis, mais la seule considération de la mésin-
telligence avec des coassociés de nationalité ennemie
ne constituait pas, *ipso facto*, une cause de dissolution (2); ils pouvaient, en outre, invoquer l'article 1871
du Code civil et le décret du 27 septembre 1914 (3).

2° Ces arguments avaient moins de valeur lorsqu'il

Paris, 25 fév. 1917, dans *Gazette des Tribunaux*, 25 avril 1917.
Tribunal civil Seine (référés), 15 oct. 1915, dans Clunet, 1917,
p. 225 (Société Suchard) et id., 27 déc. 1915, Clunet, 1916, p. 613.
(1) Cette manière de voir est consacrée par la Cour de Cassation,
9 mars 1921, dans Clunet, 1922, p. 1020. La Cour suprême a même
admis les coassociés à demander une indemnité supplémentaire
de gestion.
(2) Voir Rouen, 3 nov. 1915, R. D. I. P., 1915-1916, p. 246. En
sens inverse, Barrault précité, p. 187.
(3) Tunis, 4 déc. 1914, R. D. I. P., 1915-1916, p. 244; Clunet, 1916,
p. 999; Seine, 2 avril 1917; Clunet, 1917, p. 1191.

s'agissant d'une société de capitaux, les associés français pouvaient cependant en demander la dissolution en vertu du même article 1871 du Code civil, à cause du tort qui résultait pour eux des mesures prises à l'encontre de la société par suite de la présence des capitaux ennemis.

Cette dissolution était rarement accordée si la majorité des capitaux étaient français; le remplacement des intéressés ennemis, conformément aux règles prévues par les statuts, suffisait le plus souvent pour pallier aux inconvénients (1).

Mais, dans une société où la majorité des capitaux appartenaient à des sujets ennemis, l'assemblée générale ne pouvait obtenir le quorum légal pour voter la dissolution; si, cependant, cette assemblée pouvait l'obtenir, il est évident que rien ne s'oppose au vote de la dissolution.

Il n'y a eu, en matière de dissolution de ces sociétés, que peu de décisions de principe; la majorité des auteurs se rallie avec raison à la solution qui consacre, en général, le maintien de la société. Le contrat de société, en effet, n'est pas annulé par le seul fait de la guerre et par la présence, parmi ses membres, de sujets ennemis; il est seulement suspendu (3).

______

(1) Voir Rouen, 2 déc. 1915, Clunet, 1916, p. 251.

(2) En ce sens encore, Barrault, p. 180; tandis que Roulès, au contraire, insiste sur l'arbitraire et des dangers que présentent cette solution.

(3) C'est ce que dit l'arrêt du Tribunal de la Seine du 13 mars 1915, cité dans Barrault, p. 188.

Pourtant, trois sortes de dissolution peuvent être envisagées :

1° En premier lieu, celle demandée en justice : dans ce cas, les séquestres pourraient être munis de mandats spéciaux pour représenter les séquestrés.

Pour les sociétés en nom collectif, nous avons déjà vu sur quels arguments et sur quels actes la demande peut être appuyée. Mais, pour les sociétés anonymes, elle était plus difficile à obtenir pour plusieurs raisons : parce que les causes de dissolution de la société étaient énumérées limitativement par les statuts ; que les administrateurs restants pouvaient continuer la gestion, comme dans le cas où des administrateurs avaient été mobilisés ; qu'enfin, en aucun cas, la mission des séquestres n'était celle d'un liquidateur.

Si, d'autre part, la société ne comptait parmi ses membres qu'une minorité d'ennemis, elle pouvait aisément subsister ; il suffisait de pourvoir statutairement à leur remplacement et on se contentait de séquestrer leurs parts sociales.

L'article 4 de la loi du 21 janvier 1918 a déterminé un changement radical de la jurisprudence (1) ; l'exclusion des étrangers ennemis a pu être prononcée en même temps que la résiliation du contrat de société, à la demande des intéressés français, et, dans une société en nom collectif, la simple présence d'un associé ennemi a été, à elle seule, une juste cause de dissolution, à cause du préjudice que cette pré-

_____

(1) Seine, 2 avril 1918 ; Clunet, 1918, p. 679. — Versailles, 3 avril 1918 ; Clunet, 1918, p. 650.

sence causait aux associés français. Au lieu d'être
d'exception, la dissolution de la société était devenue
la règle.

Dans certains cas, au contraire, les associés français
ont pu obtenir une prorogation temporaire de ces
sociétés (1).

2° La circulaire du 25 octobre 1914 (2) semblait
prévoir un autre mode de dissolution, dite administrative; un arrêt de la Cour de Paris du 7 avril 1916,
rapporté dans Clunet 1917, p. 701, y voyait, non pas
une cause de dissolution, mais une manière de secon-
der les intérêts français. Cette dissolution pouvait
alors être obtenue judiciairement à la demande du
ministère public, de la même manière que dans le
paragraphe premier (3).

3° Enfin, un troisième mode de dissolution, absolument normal, était celui résultant du vote d'une
assemblée générale, et ce conformément aux statuts
de la société, et les séquestres eux-mêmes pouvaient
valablement y représenter les séquestrés, à condition
d'être munis d'un mandat spécial délimitant strictement leurs pouvoirs.

En réalité, le plus souvent, il n'y a pas eu de dissolution; on se passait des associés ennemis en s'efforçant de les éliminer ou en laissant les séquestres
les représenter, sans qu'ils jouissent toutefois de
pouvoirs réels d'opposition; mais ils étaient fondés à
toucher les parts sociales revenant aux séquestrés,

____

(1) Seine, 21 mars 1916, cité dans Reulos, p. 375.
(2) Voir Reulos, p. 251.
(3) En ce sens, Barrault précité, p. 169 et 1913.

lesquels n'étaient nullement exclus des bénéfices.
La fusion des Hauts Fourneaux de Caen avec la
Société normande de métallurgie s'est opérée sans
que les administrateurs séquestres des intérêts du
groupe Thyssen aient pris part au vote, ce qui est
normal, et la dissolution de la Société des Hauts
Fourneaux de Caen a pu être prononcée à l'unani-
mité des votants.

Grâce à la théorie de l'interposition de personne
en matière de sociétés, les tribunaux, tout en restant
fidèles aux critères de la nationalité des sociétés,
ont pu aboutir au séquestre et à la conservation des
intérêts ennemis. Tout en sauvegardant l'intérêt
national, lorsqu'ils ont prononcé des dissolutions de
sociétés, ils ne l'ont fait qu'en connaissance de cause,
jamais pour favoriser des intérêts particuliers trop
égoïstes, mais en considération seulement de l'intérêt
général, et ces dissolutions ont toujours été légitimes
et légales.

CHAPITRE V

DU SORT DES SOCIÉTÉS D'ASSURANCES ENNEMIES ET DES CONTRATS D'ASSURANCES

L'article 5 du décret du 27 septembre 1914 avait réservé la question des sociétés d'assurances ennemies; leur situation a été établie par celui du 29 septembre 1914, qui n'en est que l'application modifiée pour les besoins de la matière.

L'article 1er de ce dernier décret établissait tout d'abord le principe de retrait immédiat de l'approbation et de l'enregistrement, accordés à des sociétés d'assurances ennemies, et les agents de ces sociétés devaient être remplacés par des administrateurs-séquestres, nommés par arrêté du Ministre du Travail et de la Prévoyance sociale (1), lequel tenait ces pouvoirs spéciaux, d'abord de son droit de contrôle et de surveillance sur ces sociétés, et ensuite des textes lui confiant, en cas de liquidation, le choix du liquidateur et le contrôle de ses opérations.

____

(1) Dans les autres matières, ils sont nommés par le Tribunal civil; au cas où un administrateur séquestre aurait déjà été nommé par justice, il devait résigner ses fonctions en faveur de celui qui était nommé ultérieurement par le Ministre et devait, au préalable, lui rendre compte de sa gestion.

La mission de ces administrateurs séquestres était, avant tout, de sauvegarder l'intérêt des assurés; elle était prévue par l'article 19 du règlement d'administration publique du 28 février 1899 et l'article 12 de la loi du 17 mars 1905; le troisième alinéa du décret du 29 septembre 1914 la définissait en termes généraux; ils devaient conserver l'actif pour « qui de droit », continuer la gestion des contrats en cours pour assurer la conservation des intérêts en présence (1), encaisser les sommes dues et veiller à empêcher les fonds ainsi recueillis de passer chez l'ennemi.

Ces administrateurs-séquestres ont été choisis dans le corps des commissaires-contrôleurs des Compagnies d'assurances au Ministère du Travail et parmi les inspecteurs de l'Enregistrement.

Leur gestion devait, en outre, être contrôlée par le conseiller juridique du Contrôle des assurances privées, sous l'autorité du Ministre du Travail.

Par suite, précisément, des intérêts à protéger, des tempéraments ont été apportés au décret du 27 septembre 1914. L'article 2 de ce décret a déclaré, ainsi que nous l'avons vu plus haut (livre Ier, chapitre II) nuls et non avenus tous les contrats conclus avec des sociétés ennemies, postérieurement aux 4 et 13 août 1914. C'était, dans certains cas, et notamment en matière d'assurances, aller à l'encontre

____

(1) Ces pouvoirs sont détaillés tout au long dans un arrêt du Trib. commerce Nantes, 13 août 1915, et Cour de Rennes, 25 juillet 1916, rapportés dans Clunet, 1918, p. 269.

de ce que l'on cherchait; aussi le deuxième alinéa de l'article deuxième dit décret du 29 septembre dont s'agit, donne-t-il des précisions sur les modifications apportées au principe général.

1° Le premier tempérament, prévu par cet article, concerne les avenants relatifs aux risques de guerre souscrits par des assurés non ennemis avec des sociétés ennemies, même après les 4 et 13 août 1914; il est vrai que ces avenants ne constituent pas un nouveau contrat et qu'ils ne sont, en somme, qu'un correctif, une modification du risque prévu au contrat primitif.

2° Le deuxième tempérament consacre la possibilité du paiement des primes dues à ces sociétés par des assurés non ennemis, malgré l'article 4 du décret du 27 septembre 1914, qui interdit formellement les paiements; ce, pour que les Compagnies ne puissent faire jouer la clause de déchéance, généralement insérée dans la plupart des polices d'assurance, et notamment dans toutes les polices d'assurance vie en cas de non versement des primes.

D'où il résultait que (1) :

1° Les contrats d'assurance souscrits par des sujets ennemis à des sociétés françaises étaient annulables, conformément au décret du 27 septembre 1914, s'ils n'avaient pas fait l'objet d'un commencement d'exécution avant la déclaration de guerre.

Ils étaient valables dans tous les autres cas, et les

---

(1) Voir Clunet 1916, p. 821.

assurés ennemis, même lorsque leur loi nationale le leur interdisait, devaient payer leurs primes, sous peine de se voir appliquer la clause de déchéance. L'exécution des obligations pécuniaires, par la société française, était, au contraire, suspendue envers les sujets ennemis et les indemnités ne pouvaient leur être allouées qu'après la cessation des hostilités.

Aussi, la mission conservatoire des administrateurs séquestres des biens ennemis comportait-elle, pour eux, l'obligation d'acquitter les primes dues par des sujets ennemis à des Compagnies françaises, en les prélevant sur l'actif, sans qu'il fût nécessaire pour eux de faire transférer les polices à leur nom. Il leur suffisait d'aviser les Compagnies par un avenant leur donnant acte de leur nomination d'administrateur séquestre ; ils pouvaient alors faire modifier la police, mais ne pouvaient, toutefois, résilier le contrat qu'avec l'autorisation de justice.

2° Par contre — et la note du Ministre du Travail, du 12 novembre 1915, le rappelait formellement — le décret du 27 septembre 1914, sanctionné par la loi du 4 avril 1915 qui interdit d'entretenir des relations d'ordre économique avec des sujets ennemis, était applicable, pour le cas des paiements faits par des assurés français à des Compagnies d'assurances dont le siège social était en pays ennemi, ces paiements étaient prohibés et cette prohibition était sanctionnée. Tandis que, si les assurés avaient contracté avec des sociétés soumises au contrôle de l'État français, ils devaient payer leurs primes aux administrateurs-séquestres.

Ces solutions ont été consacrées par la loi du 31 décembre 1915, dont l'article unique s'est contenté de ratifier le décret du 29 septembre 1914.

A la suite de la Conférence économique interalliée de juin 1916, un arrêté du Ministre du Travail a prévu la création d'une commission chargée d'étudier, « de concert avec l'administration, les moyens propres à combattre la concurrence ennemie».

Enfin, la loi du 15 février 1917, relative à la surveillance des opérations de réassurances et aux obligations qui en résultent pour les assureurs, voulait prévenir, par la répression sévère des infractions prévues dans son article 4, la grosse erreur commise par nous avant la guerre, en permettant aux entreprises de réassurances ennemies de réaliser de gros bénéfices à nos dépens, et aussi de recueillir chez nous des renseignements concernant la valeur des biens mobiliers ou immobiliers, la flotte commerciale, le trafic, renseignements qu'ils ont mis à profit lors de l'occupation de notre territoire. « On a vu les Allemands appuyer les exigences de leurs réquisitions de la production d'une copie des polices d'assurances de nos industriels du Nord (1). »

Le but réel de cette loi du 15 février 1917 était de soustraire, pour l'avenir, les opérations de réassurances aux entreprises allemande, elle avait, du reste, été précédée par un projet du Gouvernement

______

(1) Voir Pontremoli : La réassurance et les Lloyds à Londres, dans R. D. I. P. 1918-1919, p. 542.

du 11 janvier précédent, qui décidait la résiliation,
à compter des dates des déclarations de guerre, de
« tous les traités de réassurances contractés avant
la guerre avec des sociétés ennemies », l'application
réelle de cette solution n'a été édictée que plus tard,
par la loi du 21 janvier 1918.

Tous les tempéraments que nous savons signalés
en cette matière étaient parfaitement justifiés, « la
guerre étant une relation d'Etat à Etat », les particuliers ne devaient en subir le contre-coup que si,
en les frappant, on atteignait sûrement l'Etat
ennemi.

Or, au cas présent, l'application stricte du décret
du 27 septembre 1914 eût porté préjudice à nos
propres intérêts.

Il aurait permis aux sociétés d'assurances ennemies
de faire jouer, à l'égard de nos nationaux, la clause
de déchéance, sans avantage pour l'Etat; étant donné
que toutes ces sociétés étaient mises sous séquestre,
l'administrateur devait veiller à empêcher les fonds,
touchés par eux, de sortir de notre territoire, et ces
fonds leur permettaient, en outre, de payer, s'il y
avait lieu, des indemnités à nos nationaux sinistrés.

Le maintien des contrats d'assurances par des
sujets ennemis à des sociétés françaises étaient aussi
à notre avantage, car il nous procurait des capitaux
ennemis, tout en ne présentant aucun danger,
l'exécution des obligations pécuniaires pouvant en
résulter, étant, bien entendu, suspendue jusqu'à la
fin des hostilités.

Ces modifications remédiaient, fort heureusement,

aux imperfections du décret du 27 septembre 1914, lequel, comme la plupart des textes législatifs de circonstance, était incomplet, en ce sens qu'il ne tenait aucun compte ni des situations particulières, ni des intérêts particuliers, ni de l'avenir de ces intérêts.

CHAPITRE VI

PROPRIÉTÉ LITTÉRAIRE, ARTISTIQUE ET INDUSTRIELLE (1)

Cette matière a été aussi régie par une législation particulière quelque peu différente, selon qu'il s'agissait de propriété littéraire, artistique ou industrielle, mais absolument semblable quant au fond, et nous bornerons ce chapitre à l'étude du principe qui a dominé la question et qui a abouti à une solution étrange, et particulièrement favorable.

Dès le 14 août 1914, un décret suspendait les délais d'exploitation et de paiement des droits relatifs aux brevets d'invention, sans faire, pour les titulaires de ces brevets, aucune distinction de nationalité. Comme pour les contrats d'assurance, et par le même article 5, le décret du 27 septembre suivant a réservé à un décret spécial le soin de réglementer la situation des brevets d'invention et marques de fabrique;

(1) Voir Reulos, p. 329 et suiv., et note de M. de Mestral, cité p. 283; Clunet, 1916, p. 91 et suiv. — Renouard : Brevets faits en pays ennemis et brevets des sujets ennemis en France, dans Clunet, 1917, p. 1697.

cette réglementation a fait l'objet de la loi du 27 mai 1915.

Les partisans de la solution catégorique et rigoureuse avaient préconisé la suppression pure et simple de tous les brevets et marques de fabrique accordés à des sujets ennemis, et refusaient de leur en octroyer de nouveaux; c'est avec raison que cette solution n'a pas été adoptée. L'exploitation de ces brevets et marques de fabrique demeura cependant interdite aux sujets ennemis, ce qui était absolument rationnel; mais les droits qui en résultaient n'ont pas été supprimés pour autant, et l'article 5 de la loi du 27 mai 1915 prévoyait, à l'égard des ressortissants des pays ennemis usant de réciprocité envers nos nationaux, le droit de les conserver et de bénéficier, pour cela, des délais de suspension établis par le décret du 14 août 1917.

Aussi, les Français et protégés français pouvaient-ils, « soit directement, soit par mandataire, de même que les sujets et ressortissants des pays ennemis en France, sous condition de complète réciprocité, remplir toutes formalités et exécuter toutes obligations en vue de la conservation et de l'obtention des droits de priorité industrielle » (article 6, § 1) [1].

Il valait mieux, en effet, et cela n'était en rien contraire à la dignité nationale, permettre cette conservation plutôt que de laisser ces diverses propriétés tomber dans le domaine public.

Par contre, la délivrance des brevets d'invention

[1] Voir note B. nuet, 1916, p. 97 et suiv.

et des certificats d'addition resta, malgré tout, suspendue en principe (1); mais, dans les mêmes conditions que ci-dessus, les ressortissants ennemis pouvaient bénéficier de la suspension des délais de priorité.

Les droits de cette nature des sujets ennemis ont donc été rigoureusement sauvegardés (2), et si leurs propriétaires étaient soumis au séquestre, l'administrateur-séquestre devait assurer la conservation de ces droits. Leur expropriation, en faveur de particuliers, n'était pas possible; elle ne le fut, au profit de l'Etat, qu'à titre exceptionnel. L'Etat pouvait, en effet, réquisitionner tout « ce qui présente un intérêt public ou est reconnu utile pour la défense nationale», et il avait alors la faculté ou d'exploiter lui-même les brevets par un service public compétent, ou d'en concéder l'exploitation à des nationaux, susceptibles de le faire, dans le premier cas, après autorisation préalable, par arrêté ministériel, et, dans le second cas, par décret rendu après avis conforme d'une commission spéciale.

Quant aux cessions de brevets ou concessions de licences par des ressortissants ennemis à des nationaux français ou alliés, celles qui sont antérieures à la déclaration de guerre sont seules demeurées valables, l'exécution des obligations pécuniaires,

_____

(1) Dans sa thèse précitée, M. Pinoche constate pourtant que cette interdiction ne semble pas avoir été appliquée entre la France et l'Allemagne.

(2) Ces droits sont du reste protégés par les lois de 1844 et 1857, et par la Conférence de Berlin du 13 novembre 1908.

qui pouvaient en être la conséquence, ont, par contre, été strictement interdites; elles auraient, au reste, été annulées comme contraires à l'ordre public et aux dispositions précitées, relatives aux contrats.

Une situation encore plus favorable put être faite à certains sujets ennemis qui, de par leur origine, leurs liens de famille ou à raison de services rendus à la France, ont été exemptés de l'application de cette loi.

Ce statut ne fut, du reste, que l'application d'une nécessité presque absolue; les groupements intéressés (le Cercle de la Librairie de Paris, le Syndicat pour la Protection de la Propriété intellectuelle, notamment) s'étaient nettement prononcés pour le respect des Conventions internationales (1) et la loi du 17 mai 1915 s'est bornée à rester conforme à la Convention de Paris de 1883, revisée à Washington en 1911.

Reste à voir maintenant, à titre de comparaison, comment ce régime fut appliqué par nos ennemis. Ainsi, en Allemagne, la maison Johannès Platt, de Berlin, mit en vente des contrefaçons d'œuvres de musique sur lesquelles l'éditeur, pour créer la confusion, avait, après l' «Original-Ausgabe», porté son nom, à côté de celui de l'éditeur français. Une circulaire du président de l'Association des marchands de musique, en Suisse et en Hollande, rappela l'interdiction d'importation et de vente dont les éditions

---

(1) Voir Clunet 1915, p. 569; 1916, p. 550. — *Droit d'auteur*, 1916, p. 131.

étaient l'objet, en vertu de la Convention de Berne,
du 13 novembre 1908; la maison Otto June, de
Leipzig, qui avait le monopole de vente des éditions
françaises, publia un avertissement urgent, insistant
sur le caractère frauduleux de ces contrefaçons.
Une plainte fut adressée au Ministère de l'Intérieur
de Saxe, puis au Ministère impérial de Justice,
le 11 décembre 1915, avec, à l'appui, une lettre
du Bureau international de Berne et, le 31 décembre,
la maison Johannès Platt cessa de répandre ses
éditions de guerre; la résistance avait été longue,
et l'intervention des pouvoirs publics avait été
nécessaire.

En France, dans une affaire similaire, la contrefaçon
fut plus rapidement arrêtée; un éditeur français, se
prétendant de bonne foi, avait fait éditer des œuvres
de Sunding et de Grieg. Le président de la Chambre
syndicale des Éditeurs de musique signala immédiatement le fait au président du Tribunal civil de
la Seine, qui invita le séquestre de l'éditeur allemand
à agir, en sorte d'obtenir le respect de la Convention
de Berne, et l'affaire fut bientôt terminée par la
remise des exemplaires contrefaits et des zincs,
ce qui avait été demandé.

Que faut-il penser de la solution qui a été adoptée
en cette matière? Elle semble bien avoir donné toute
satisfaction; elle s'était, du reste, en quelque sorte
imposée, car l'application stricte des interdictions
prononcées dans le décret du 27 septembre aurait
fourni un excellent prétexte aux représailles de la
part des pays ennemis, et nos nationaux auraient dû

les supporter, non sans préjudice. Le seul point qui, au premier aspect, ait pu paraître dangereux, est la considération de l'exécution des obligations pécuniaires qui subsistaient, de ce fait, envers les dits pays ennemis; ce danger était, en réalité, réduit, car les droits acquittés par les ressortissants ennemis, à notre profit, étaient de beaucoup plus importants que ceux qui pouvaient l'être chez eux, par nos nationaux.

Notre nation aurait, en outre, souffert, dans la suite, d'une plus grande rigueur; car, mises en défiance, les découvertes étrangères nous demeureraient désormais inconnues.

D'autres solutions, telles que l'augmentation des taxes à payer par les sujets ennemis, la mise en pratique de la licence obligatoire, avaient encore été proposées; leur résultat n'eût fort probablement pas été meilleur; la Conférence interalliée a, toutefois, à juste raison, exigé la marque d'origine pour toutes les marchandises de provenance étrangère, l'utilité de cette exigence est incontestable, rendant ainsi plus difficile l'introduction chez nous de marchandises ennemies.

Le traité de Versailles, dans les articles 306 à 311, avait réglé le sort de la propriété industrielle, par le retour à l'application des Conventions internationales de Paris et de Berne, sous réserve des stipulations spéciales prévues dans le traité, en supprimant, cependant, tout recours aux sujets ennemis pour les mesures qui avaient pu être prises, contre eux, pendant la guerre. C'était en application de ces

règles qu'une demande de prorogation, d'un sujet
allemand, avait été déclarée irrecevable par la Commission spéciale de prorogation des brevets d'invention, en vertu de la loi du 8 octobre 1919 (1),
qui n'était pas applicable aux sujets ennemis

(1) Décision du 26 octobre 1921, dans Clunet, 1921, p. 22.

CHAPITRE VII

FONCTIONNEMENT DES SÉQUESTRES

§ 1er. — Nomination des administrateurs-séquestres

Le fondement de la mesure de la mise sous séquestre une fois établi, il est nécessaire d'étudier sommairement son fonctionnement et notamment de savoir comment les administrateurs-séquestres étaient nommés, quels étaient leurs pouvoirs, leur responsabilité et leur rémunération, et de voir enfin comment ils étaient contrôlés?

1º A de rares exceptions près (que nous signalerons par la suite), ils étaient nommés par ordonnances du président du Tribunal civil, rendues, soit à la requête d'un particulier, soit à la requête du Ministère public, « au nom et comme représentant de l'intérêt public » dont l'intervention, à ce titre, était une justification suffisante. Plus délicate, par contre, était la justification de la procédure de nomination par le président du Tribunal civil.

On a prétendu, tout d'abord, que la nomination des administrateurs-séquestres aurait dû être réglée par une loi, et, d'autre part, qu'en l'absence de texte formel, l'autorité judiciaire n'avait pas qualité pour faire cette nomination; pourtant, dès avant la guerre, cette autorité judiciaire nommait déjà des administrateurs judiciaires, même en dehors des cas prévus par le Code civil, c'est-à-dire dans le cas d'absence, d'aliénation mentale, de succession, de biens litigieux, en vertu de l'article 961 du Code civil, et aussi en vertu des articles 996, 465 du Code de procédure civile, des articles 602, 393, 28 du Code civil, etc.

De nombreux arrêts ont admis, depuis longtemps, cette nomination en présence de « circonstances analogues à celles qui ont été motivées au texte» (1). En effet, « c'est bien rarement que nos lois françaises expriment de véritables principes. Généralement, elles ne contiennent, elles mêmes, que des conséquences engendrées par des principes placés au dehors et au-dessus d'elles » (2). C'est donc de la technique même de notre législation que dérive ce droit de l'autorité judiciaire en l'absence d'une loi l'établissant et, en la matière que nous étudions, notamment, il résultait d'une impérieuse nécessité.

En réalité, cette nomination extra-légale des administrateurs-séquestres de la guerre découle, en premier lieu, du fait qu'elle est intervenue en une matière elle-même extra-légale, la mise sous séquestre a été tirée d'une décision de justice, nous l'avons déjà montré. De même que cette mise sous séquestre se justifiait par la nécessité de la mesure, la nomination

---

(1) Voir Trib. civil Lille, 30 juillet 1880. — Hansens et Oddoz, S. 86-1-69, D. 82-2-20. — Cass. requête 13 janvier 1903. — Moulin S. 1904-1-75, note Naquet.
(2) Voir Geny : *Interprétation du Droit privé et sources*, p. 99. Voir aussi sa note 1, p. 38.

des administrateurs-séquestres se justifiait aussi par la même nécessité.

Le président du Tribunal civil jouissait d'un pouvoir discrétionnaire pour accorder ou refuser la nomination, mais son ordonnance devait toujours être motivée de façon à permettre au procureur de la République un recours à la Cour d'appel, après avis de la Chancellerie (1).

Les administrateurs séquestres pouvaient encore être nommés de deux autres manières :

2° En vertu du décret du 29 septembre 1914, les administrateurs-séquestres des Compagnies d'assurances-vie et accidents du travail, et de celles-là seulement (ceux de banques dans certains cas), furent nommés par le Ministre du Travail. Lorsqu'ils étaient ainsi nommés, tous autres administrateurs antérieurs, même judiciaires, devaient se dessaisir en leur faveur, et, au lieu d'obtenir judiciairement les mandats *ad litem* dont ils pouvaient avoir besoin, c'était le Ministre du Travail qui était seul compétent pour le leur accorder.

3° Enfin, après les ordonnances générales de mise sous séquestre, rendues en exécution de la loi du 22 janvier 1916 (commentée notamment par la circulaire du 29 février suivant), les détenteurs, dépositaires, gagistes, etc., pouvaient, sur leur

____

(1) Le traité de Versailles, article 297, annexe 1 et 3, la loi du 7 octobre 1919 et le décret du 23 octobre 1919 ont confirmé cette procédure. — Voir Tribunal civil d'Épernay, 6 février 1920, dans Clunet, 1920, p. 670.

demande, être constitués administrateurs-séquestres des biens qu'ils déclaraient.

Faut-il assimiler ces ordonnances générales à des règlements, que l'autorité judiciaire eût été incompétente d'appliquer ? Il faut plutôt, semble-t-il, considérer que les détenteurs n'étaient envisagés qu'en cette qualité, et qu'ils l'étaient alors individuellement; la meilleure preuve en est, que jamais il ne pouvait y avoir, pour une même affaire, plusieurs administrateurs-séquestres responsables, et qu'un seul subsistait, les autres étant déchargés de leur pouvoir.

Cependant, à côté de l'administrateur-séquestre principal, lorsque l'affaire comportait des succursales dans des pays différents par exemple, ou des établissements indépendants, il pouvait y avoir des séquestres adjoints au séquestre principal, qui n'avait pas qualité, toutefois, pour se les adjoindre de son propre chef.

§ 2. — Pouvoirs des administrateurs-séquestres

Lorsque la nomination des administrateurs est prévue par des textes, leurs pouvoirs sont limités par ces textes et, dans le cas qui nous occupe, les administrateurs-séquestres des biens ennemis étant nommés par l'autorité judiciaire, c'est elle aussi qui dira leur mission. Mais l'ordonnance du président du Tribunal, qui ne peut être rendue qu'en conformité avec la loi, car elle n'est, avant tout, qu'un acte d'administration judiciaire, ne peut tout prévoir.

La mission des administrateurs-séquestres, créés pendant la guerre, était beaucoup plus étendue que celle des administrateurs-séquestres dont il est parlé dans les articles précités du Code civil et du Code de Procédure civile, c'est une des grandes différences qui les caractérise. Pourtant, malgré cet accroissement de leurs pouvoirs, les administrateurs-séquestres de biens ennemis s'efforçaient, souvent, de les étendre davantage encore, ces extensions étaient, il est vrai, devenues quelquefois obligatoires, par suite de la prolongation de la guerre.

Toute la question avait, du reste, été dominée par deux nécessités : d'une part, celle de la conservation des patrimoines ennemis dont les propriétaires, sujets ennemis, ne pouvaient assurer la gestion, et, d'autre part, celle de la conservation de ces mêmes patrimoines, en tant que gages économiques. La création des administrateurs-séquestres ne répondait essentiellement, au début, qu'à ces deux objets, leur rôle se bornant à « assurer l'application efficace des dispositions du décret du 27 septembre 1914 et de la loi du 4 avril 1915 ».

Cependant, il est bien évident que les séquestres nommés par justice peuvent accomplir certains actes interdits au séquestré ; doivent-ils, pour autant, être considérés comme les mandataires de ce dernier ? Il ne semble pas qu'on doive les considérer comme tels ; on ne tient, en effet, aucun compte de la volonté du mandant, or, ce qui caractérise le mandat, c'est le fait de donner « pouvoir à quelqu'un d'accomplir un acte en son lieu et place ». Les administrateurs

séquestres seraient alors frappés des mêmes incapacités que le sujet ennemi lui-même, et on ne pourrait
pas traiter davantage avec eux qu'avec leurs man-
dants (1).

Ils ne sont pas davantage mandataires de l'autorité judiciaire et ce, pour les mêmes raisons.

En réalité, leurs actes doivent être envisagés en
fonction du résultat que l'on a cherché lors de leur
nomination, et c'est le but poursuivi qui servira à
déterminer la régularité des actes qu'ils auront
accomplis, la loi ayant fixé le cadre auquel ils doivent
rester fidèles.

1° De ce qui précède, il résulte que la première
constatation à faire est qu'à de rares exceptions près,
la justice ne leur a pas conféré des pouvoirs d'administration active, et les actes de disposition leur sont,
en principe, interdits.

Pour continuer, par exemple, l'exploitation d'une
entreprise ennemie, possibilité qui n'a été, d'ailleurs,
envisagée que par la suite, — cette continuation
de l'exploitation se heurtait, au début, à une haine
farouche de tout ce qui était ennemi, il leur fallait
un mandat spécial. Et ce mandat ne leur a été accordé

(1) En ce sens, Trib. com. Nantes, 43 août 1915, confirmé Rennes
26 juillet 1916. — R. D. I. P., 1918, p. 119, tandis que Wahl, Législation de Guerre, p. 872 et 873, n'admet pas cette conséquence.
Selon lui, l'administrateur séquestre est mandataire du sujet ennemi
précisément parce qu'il a des pouvoirs semblables à ceux d'un
mandataire et parce qu'il doit des comptes au propriétaire séquestré comme, en outre, il n'est pas nommé par ce propriétaire, ses
pouvoirs sont compatibles avec le droit de faire des actes interdits
au sujet ennemi.

que dans des circonstances particulières (1), dominées par l'idée de l'intérêt national, parce qu'il s'agissait de la fabrication ou de la vente d'objets nécessaires à la défense nationale, lorsque cette exploitation présentait un intérêt pour la main-d'œuvre française, en évitant le chômage des ouvriers congédiés, ou enfin, lorsqu'elle permettait à des créanciers français de faire rentrer des créances dont cette entreprise était redevable envers eux. Dans la plupart des cas, la reprise des opérations n'a été tolérée que temporairement, elle se heurtait, souvent, aux récriminations et aux plaintes des commerçants et surtout des syndicats français qui en redoutaient la concurrence. Toutefois, les demandes de suppression fondées sur des intérêts trop personnels, ont été généralement rejetées, bien qu'un arrêt de Lyon, confirmé par la Cour de cassation le 20 juillet 1915 (rapporté dans Clunet 1915, p. 1165), ait été en sens inverse (2).

2° Rentre également dans leur mission conservatoire, l'obligation pour eux de surveiller les immeubles compris dans le patrimoine séquestré et ils doivent, pour ce faire, ne pas en négliger les réparations urgentes et nécessaires, de même qu'ils ne doivent pas omettre de renouveler des inscriptions hypothé

------

(1) Voir circulaires 3 novembre 1914 et 6 janvier 1915.
(2) Voir en effet, Cour de Paris, 22 mars 1915, Affaire Faber, précitée dans Clunet, 1915, p. 664. — Ordon. prés. Trib. Seine, 20 juillet 1917, dans Clunet, 1917, p. 791, et 28 mars 1916, dans Clunet, 1917, p. 987.

caires, qui auraient pu être prises, au profit de sujets ennemis, même contre des débiteurs français.

Ils doivent aussi assurer le paiement des loyers dus par le séquestre pour continuer les baux en cours et, lorsque les locaux loués sont nécessaires à la conservation de l'élément principal du patrimoine ennemi, la vente d'un fonds de commerce peut être autorisée par justice à la requête du bailleur (1).

Ils peuvent, pour les mêmes motifs, contracter de nouveaux baux (2). La doctrine et la jurisprudence semblent, par contre, d'accord pour considérer le fait, pour eux, de donner congé de baux en cours, comme excédant leurs pouvoirs (3), par suite de la réalisation d'actif qui s'ensuivrait, la prudence leur conseillait, en tout cas, de demander l'autorisation préalable du tribunal (4).

Les administrateurs-séquestres peuvent, dans le but de conserver le patrimoine dont ils ont la garde, recouvrer les dettes exigibles en dépendant (5), mais

---

(1) Voir Trib. Seine (référés), 21 déc. 1915 précité, dans Clunet, 1915, p. 433.

(2) Cour de Paris, 14 juin 1915, infirmant référés Trib. Seine, 16 février 1915, Clunet, 1915, p. 659.

(3) Un séquestre, mis en possession d'un appartement et de meubles dont il vendit une partie, fut puni comme coupable de détournement, en vertu de l'article 2 de la loi du 4 avril 1915. — En ce sens, Cour de Paris, 29 novembre 1918, dans Clunet, 1919, p. 375.

(4) Trib. Tunis, 11 avril 1916, dans Clunet, 1917, p. 218.

(5) Voir circulaire précitée du 3 nov. 1914 et arrêts Cour de Toulouse, 24 mars 1915, dans R. D. I. P. 1915-1916, p. 538. — Cassation, dans Clunet 1920, p. 671. — Paris, 18 nov. 1915, dans Clunet, 1916, p. 237.

les débiteurs français pourront leur opposer les
décrets moratoires; il leur faut, pour cela, même
en matière de montant des réquisitions militaires,
être spécialement habilités à cet effet, sous peine
d'encourir les pénalités prévues par la loi du 4 avril
1915.

4° Ils sont aussi tenus d'exécuter les obligations (1)
ou les marchés à livrer (2) que les sujets ennemis ont
contractés; le contrôle de l'autorité judiciaire est,
dans ce cas, plus rigoureux; il ne faut, en effet, pas
perdre de vue que tout l'actif a dû être déposé par
eux à la Caisse des Dépôts et Consignations et que le
retrait n'en est possible que sur visa du président du
Tribunal, après avis du procureur de la République.

Il ne peut, toutefois, en être ainsi que lorsque l'actif
est suffisant; au cas contraire, les administrateurs-
séquestres doivent se dessaisir en faveur d'un syndic
de faillite, qui devra tenir compte du passif allemand. La doctrine et la jurisprudence ont toujours
considéré que ce rôle dépassait leur pouvoir et,
qu'en aucun cas, on ne doit les assimiler à des liquidateurs ou syndics de faillite (3).

5° Lorsqu'enfin il y a lieu à réalisation d'actif dans

-----

(1) Trib. com. Havre, 23 juin 1915, Clunet 1915, p. 1135. —
Trib. civ. Seine, référés, 1er fév. 1916, Clunet 1916, p. 609. — Id.,
6 juin 1916, Clunet, 1917, p. 213. — Trib. com. Marseille, 8 janv.
1915, Clunet, 1917, p. 215.

(2) Trib. com. Havre, 19 mai 1915. — R. D. I. P., 1915-1916,
p. 526.

(3) Voir l'ordonnance du 7 sept. 1915, l'ordonnance précitée
Seine, référés du 6 juin 1916.

l'intérêt de la défense nationale, de la main d'œuvre française ou de la vie économique du pays, ils peuvent être amenés à liquider les marchandises et les denrées périssables, mais celles-là seulement (1).

6° La liquidation des marchandises sera encore possible aux administrateurs séquestres, lorsqu'elle pourra permettre de solder le passif, évitant ainsi la mise en faillite du patrimoine séquestre.

Cette liquidation de marchandises, sauf celles périssables et susceptibles de détérioration, doit toutefois être précédée par la réalisation des valeurs mobilières, laquelle est effectuée, sur mise à prix minima fixée par le président du Tribunal, et, comme garantie supplémentaire, dans ce cas, la vente de ces valeurs mobilières devra obligatoirement être réalisée en bourse.

Peuvent-ils liquider des immeubles et des fonds de commerce?

Pour les immeubles, la réponse est négative (2), par analogie peut-être avec les termes des articles 484, 805 et 1538 du Code civil et l'article 571 du Code de commerce, qui considèrent à tort, selon nous, que les aliénations d'immeubles sont des actes

---

(1) Voir circulaires 14 nov. 1914, 28 fév. 1915 et mars 1915, et arrêts Trib. civ. Pontoise, 6 mai 1915, Clunet, 1916, p. 237. — Cour de Toulouse, 24 mars 1915, R. D. I. P. 1915-1916, p. 533. — Cassation, 3 mars 1920, Clunet, 1920, p. 671. — Paris, 18 nov. 1915 Clunet 1916, p. 237. — La Cour de Paris, 22 mars 1915 Clunet, 1915, p. 664, l'avait déjà dit au sujet de l'arrêt Faber.

(2) En ce sens, voir Reulos, p. 307.

présentant plus de gravité que les aliénations des
biens meubles.

Pour les fonds de commerce, au contraire, cette
liquidation est possible, mais le parquet doit préalablement apprécier l'opportunité et l'utilité de la
réalisation. Une ordonnance motivée du président
du Tribunal pourra ensuite l'autoriser et commettre
un officier ministériel chargé d'y procéder aux
enchères publiques, car l'administrateur ne peut
évidemment pas consentir de vente amiable; la
même ordonnance fixera, en outre, les conditions de
l'adjudication, du paiement du prix, etc. La cession
des fonds de commerce, même ainsi effectuée, a été,
au reste, rarement autorisée (1), malgré toutes les
garanties qu'elle présentait.

7° La circulaire du 6 février 1916 permit ensuite
les saisies temporaires des biens séquestrés, lorsqu'elles
présentaient un intérêt évident pour la vie économique de la nation, ou que la population civile
subissait, du fait de la mise sous séquestre, un préjudice certain. Les administrateurs-séquestres ont alors
été autorisés à louer les biens ou entreprises séquestrés à des sujets français, et si la défense nationale
était en jeu, l'autorité militaire pouvait, sans qu'aucune opposition fût possible, en concéder l'exploitation à des nationaux ou à des sujets alliés. Et,
dans ce cas, des marchés de gré à gré ont même été
tolérés.

8° Nous avons vu dans le livre I, chapitre III,

____

(1) Trib. civ. Seine, référés, 22 juin 1915; Clun. 1915, p. 481.

§ 2, les pouvoirs de l'administrateur-séquestre en justice; nous nous bornerons, ici, à insister sur le fait que la faculté, pour eux, d'ester en justice ne résulte pas de plein droit de leur seule fonction et que son exercice est, à juste titre, soumis à une autorisation préalable de justice, à un mandat spécial *ad litem* (1).

De cet examen du rôle des administrateurs-séquestres ressort, en premier lieu, le caractère essentiellement conservatoire de leur mission, qui se borne à pouvoir remettre, en temps voulu, et à qui il appartiendra le gage dont ils ont la garde; jamais, en effet, ils n'ont été chargés de faire fructifier ce qui leur a été confié. C'est, à notre sens, une erreur qui aboutit à une perte de richesse, dont l'humanité aurait pu tirer profit! Quant à la question de l'affectation des bénéfices ainsi réalisés, les Traités de paix l'auraient résolue.

§ 3. — Rémunération et contrôle des administrateurs-séquestres

Restent à dire quelques mots de leur rémunération et de leur contrôle. La première a été réglée par la circulaire du Garde des Sceaux aux présidents de Cours d'appel et aux procureurs généraux, du 17 mars 1915 (2), pour mettre fin aux différents systèmes

----

(1) Voir supra, p. 91.
(2) *Journal off.*, 19 mars 1915.

de rémunération et obtenir l'unification, « en substituant aux usages locaux un tarif général... comportant un pourcentage sur les recettes et les dépenses ». Et cette fixation sera obtenue par une procédure analogue à celle suivie pour la nomination des administrateurs, c'est-à-dire, dans chaque ressort, par une ordonnance du président du Tribunal civil, rendue sur requête du procureur de la République.

Quid, maintenant, du contrôle?

En attendant le contrôle du propriétaire séquestré au cas où il serait admis, il était nécessaire de surveiller les opérations des administrateurs-séquestres, et ce fut, à juste raison, que, dès le 4 novembre 1914 (1), une circulaire du Garde des Sceaux aux présidents de Cour d'appel et procureurs généraux régla minutieusement le contrôle, insistant sur l'obligation, pour les présidents et les parquets, « de suivre pas à pas les opérations des séquestres », d'aboutir à la gestion la plus économique possible et de recevoir périodiquement, des séquestres, des rapports justificatifs et des comptes rendus de la situation.

Ce contrôle a encore été jugé insuffisant dans certains cas, et, à titre de contrôle préventif, l'autorisation préalable du président du Tribunal a été alors exigée. En principe, les administrateurs-séquestres ne devaient conserver aucun denier; un petit fonds de roulement mis à part, ces deniers devaient être versés, aussitôt reçus, à la Caisse des Dépôts et Consignations

---

(1) *Journal off.*, 5 novembre 1914.

et, pour les en retirer, le visa du président était indispensable.

Enfin, un autre contrôle, déjà prévu dans la circulaire qui précède, fut dévolu à l'Administration des Domaines, contrôle purement financier et technique, n'empiétant en rien sur les attributions judiciaires que nous venons de voir; l'Administration des Domaines adressait des rapports à l'autorité judiciaire et, grâce à ces rapports techniques, le contrôle judiciaire était facilité et renforcé.

C'était encore par une procédure semblable à celle de la nomination des séquestres que l'apurement définitif de leurs comptes incombait aux présidents de Tribunaux civils, après un examen minutieux, avec production de justifications des livres et comptes par le procureur de la République, qui transmettait ses conclusions aux présidents (1).

Ainsi, qu'on les considère comme préposés de justice, ce qui a été admis par Reulos, et ce qui a paru généralement préférable (2), ou même comme représentants des séquestres, les administrateurs-séquestres encouraient, dans le premier cas, la responsabilité prévue par l'article 1382 du Code civil; dans le second, la responsabilité contractuelle des articles 1137, 1992, 1996 et 1302.

Mais le Traité de Versailles a, dans la Section IV, article 298, annexe, § 2, supprimé tout recours aux

---

(1) Voir la circulaire du 17 mars 1915, § 2.
(2) Voir Barrault : R. D. I. P., 1919, précité, p. 450 et suiv.

sujets ennemis, soit à cause de la gestion de leurs
biens par les administrateurs-séquestres, soit à cause
des mesures prises contre ces biens, et ces dispositions ont été reproduites dans les Traités de Saint
Germain et de Neuilly.

Cette solution est conforme à un arrêt de la Cour
de Paris, du 14 janvier 1919 (1), qui a rejeté une demande
d'un Alsacien, objet d'une mainlevée de séquestre,
contestant le compte de gestion du séquestre, en
se basant sur le fait que, la mise sous séquestre étant
une mesure d'ordre public, le séquestre ne relève
que du contrôle des magistrats qui l'ont nommé,
que c'est donc à eux qu'il faut s'adresser pour con-
tester le compte.

Il y a, certes, là une mesure excessive, sans qu'elle
porte toutefois atteinte au principe du respect de
la propriété ennemie elle-même.

Il faut, du reste, convenir que, s'il en avait été
autrement, la liquidation de tous les biens séquestrés
eût provoqué des actions individuelles intentées
presque toutes de mauvaise foi, soit « en haine de
nos institutions, soit par suite de l'incompréhension
des nécessités d'une administration de guerre».

En réalité, l'article 298 du Traité de Versailles
a voulu valider toutes les mesures prises pendant la
guerre, couvrir les erreurs, les excès, les faiblesses
de toute nature qui ont pu résulter de l'improvisation
des séquestres.

____

(1) Cour de Paris, 14 janvier 1919, R. D. I. P., p. 569.

CHAPITRE VIII

SITUATION FAITE AUX BIENS ENNEMIS
APRÈS LA PAIX (1)

Des mesures provisoires ont été prises aussitôt après l'armistice, elles étaient particulièrement nécessaires en Alsace-Lorraine. On distingua d'abord les sujets réintégrés français ou susceptibles de l'être et les sujets de nationalité ennemie, et, tandis que l'article 2 de l'arrêté du 30 novembre 1918 interdisait le commerce entre les Alsaciens-Lorrains et les sujets ennemis, le décret du 6 décembre 1918 rétablissait les relations commerciales entre la France et l'Alsace-Lorraine.

L'extension des mesures de mise sous séquestre s'imposa alors, en Alsace-Lorraine; elles y furent édictées par les arrêtés des 11 et 14 décembre 1918 du Président du Conseil(2). Des exemptions furent prévues, seulement, pour certains Allemands qui, sans qu'ils y soient obligés par un motif d'ordre public, ont conti-

---

(1) Voir thèse Pinoche précitée, p. 82 et suiv. — Voir Cauwès et Chaudun. *La Liquidation des biens ennemis en France, d'après les termes du Traité de Paix.* Paris 1921.
(2) J. O. des 12 et 15 décembre 1918.

nué à résider en Alsace-Lorraine; mais la circulaire du 11 décembre recommande la plus grande prudence et la plus grande méfiance aux commissaires du Gouvernement, « afin de ne pas laisser échapper ceux qui ne méritent pas cette faveur ».

Ce n'étaient là, nous l'avons dit, que des mesures provisoires. Le sort des biens ennemis n'a été définitivement réglé que dans les Traités de paix. Nous bornerons notre étude à l'examen du Traité de Versailles, dont les dispositions ont été reproduites presque intégralement par les autres Traités.

C'est, dans l'article 297 de la Section IV du Traité, que cette situation est fixée : « La question des biens, droits et intérêts privés en pays ennemis recevra sa solution, conformément aux principes posés dans la présente section et aux dispositions de l'annexe ci-jointe». Tels sont les premiers mots de cet article extrêmement important du Traité.

Ce qui ressort immédiatement du Traité de Versailles, de la loi du 7 octobre 1919 et du décret du 23 octobre suivant précités (1), c'est que les biens ennemis sont, dès lors, définitivement sortis du patrimoine ennemi pour être attribués à l'Etat français. Toutefois des dispositions testamentaires prises relativement à des biens de cette catégorie, demeurent parfaitement valables durant la période purement conservatoire, mais cessent de l'être et deviennent

____

(1) Ces deux textes, complétés par le décret du 17 septembre 1920.

caduques par la simple application du Traité (1),
même si elles lui sont antérieures.

Les dispositions qui y ont été prises visaient
essentiellement à rétablir, autant que faire se pouvait,
nos nationaux et nos alliés dans la situation où ils
se trouvaient à la veille de la guerre, ou à les indemniser justement et équitablement des pertes subies.
C'est ce but qu'a poursuivi la réglementation du
sort des biens et intérêts privés ennemis, demeurés
sur le territoire d'une puissance alliée ou associée.

§ 1er. — Sort des biens et intérêts privés ennemis

Le paragraphe *b* de l'article 297 posait, pour les
puissances alliées et associées, « le droit de retenir
et de liquider tous les biens, droits et intérêts appartenant, à la date de la mise en vigueur du présent
Traité, à des ressortissants allemands ou des sociétés
contrôlées par eux sur leur territoire... » et ce, conformément aux lois de l'Etat intéressé.

La liquidation de tous les biens ennemis, meubles,
immeubles, sociétés (2), créances, etc., était donc la
règle chez nous.

---

(1) En ce sens, Cour d'Aix 25 mai 1921, dans Clunet, 1921, p. 581.
— Le Tribunal les considère comme sortis du patrimoine ennemi
dès la déclaration de guerre; au contraire la seconde partie seule
est admise par le Trib. civ. Seine, 5 janvier 1921, dans Clunet, 1921,
p. 232. — Cour de Paris, 28 déc. 1921, Clunet, 1922, p. 167. — Cour
de Paris, 21 juillet 1922, dans Clunet, 1922, p. 723, en appel de
l'arrêt ci-dessus du 5 janvier 1921.

(2) Qu'il s'agisse de société seulement contrôlée, Cour de Nancy,
5 février 1921, dans Clunet, 1921, p. 956, de société jouant le rôle
de personne interposée, Cour de Paris, 17 décembre 1919, Clunet,
1920, p. 227, ou même de parts sociales ennemies dans une société

Elle devait être opérée en toute liberté par le Gouvernement, après qu'il avait été décidé s'il n'y avait pas lieu d'accorder mainlevée des séquestres : cette liquidation était toutefois obligatoire en Alsace-Lorraine pour tous les biens ennemis mis sous séquestre, en vertu des mesures prises aussitôt après l'armistice. Il fallait, en effet, écarter à tout prix tous les sujets ennemis de ces territoires si chèrement reconquis, afin d'éviter que, par une mainmise trop considérable, ils ne réussissent à prendre, en Alsace-Lorraine, une autorité que la plus élémentaire prudence commandait de leur interdire.

Par contre, tous les anciens sujets ennemis, ressortissants des nouveaux États reconnus par les Traités de Paix ont été, *ipso jure*, par la seule preuve de leur nouvelle nationalité polonaise, tchéquo-slovaque, de la ville libre de Dantzig, du Schleswig, exemptés des mesures de liquidation et ont fait l'objet de mainlevées de séquestre (1).

Ont aussi fait l'objet de mainlevées, les sociétés qui, mises sous séquestre à cause de la prépondérance d'associés ennemis, ceux-ci ont changé de nationalité par suite des Traités de paix (2).

---

neutre à qui le Traité a été notifié, Marseille (référés), 4 février 1921 ; Clunet, 1921, p. 949 ; Aix, 28 novembre 1921, Clunet, 1922, p. 159.

(1) Cf. article Clunet, dans Clunet, 1920, p. 467. — Trib. civ. Nice, 15 avril 1920 ; Clunet, 1920, p. 649. — Grd. 28 juillet 1920, dans clunet, 1920, p. 216 relative à une société tchéquo-slovaque. — Seine (référés), 28 novembre 1920 ; Clunet, 1921, p. 219. — Cour Paris, 24 novembre 1920 ; Clunet, 1921, p. 220.

(2) En ce sens, Cour de Paris, 15 juin 1921, dans Clunet, 1921, p. 583.

Mais, en matière de mainlevée, comme l'a fait
observer un arrêt de la Cour de Paris du 15 juin
1921 (1), le pouvoir de l'autorité judiciaire est limité
aux cas strictement prévus par la loi du 7 octobre
1919 et le décret du 23 octobre suivant, en dehors
desquels, le Gouvernement est seul maître de liquider
ou de ne pas liquider les biens ennemis ainsi mis en
cause (2).

Pour faciliter l'application du Traité par les puissances alliées, l'Allemagne devait leur remettre,
dans les six mois de la ratification du Traité, tous
les titres et renseignements relatifs aux biens de ses
ressortissants dans leurs pays respectifs.

Mais il fallait, cependant, assurer à cette liquidation
certaines garanties; aussi, devaient-elles avoir été
autorisées, au préalable, par une ordonnance non sus-
ceptible d'appel, du président du Tribunal civil (3),
rendue sur requête du ministère public, et seulement
après une enquête d'une commission consultative
qui était, en même temps, un organe de conseil et
de surveillance; et l'ordonnance ne devait être
rendue que deux mois après la publication de la
requête au *Journal officiel* (4). La liquidation devait

____

(1) Cité dans Clunet 1921, p. 536.
(2) Voir note 2, p. 174.
(3) Cour de Paris, 2 juillet 1921, Clunet 1921, p. 538.
(4) Le projet du Garde des Sceaux, du 4 mars 1919, préconisait
ce système et prévoyait son fonctionnement après avis d'une commission composée par le Ministère de la Justice, lorsque l'actif à
liquider était supérieur à 100.000 francs.

ensuite avoir lieu aux enchères, dans les conditions
des ventes des domaines, mais par des liquidateurs
spéciaux (1).

La liquidation, en Alsace-Lorraine, a été entourée
des mêmes garanties et l'intervention d'une commission consultative était aussi nécessaire pour tous les
biens d'une valeur supérieure à 500.000 francs, et
pour toutes les participations industrielles ou commerciales. La commission consultative de Strasbourg
comprenait quatre membres : un Français, un Alsa-
cien-Lorrain, un conseiller juridique et un financier,
nommés par le Commissaire général du Gouvernement ; elle était chargée de donner son avis au ministère public, à la requête duquel le président du Tribunal régional nommait un liquidateur. La liquidation s'opérait ensuite, mais elle restait soumise au
contrôle de la Commission et du ministère public (2).
Malheureusement, le choix des séquestres a généralement été très mauvais en Alsace-Lorraine, et les
résultats ont été parfois désastreux.

Le produit de ces liquidations, qui devait atteindre
un chiffre important, plus d'un milliard en Alsace-
Lorraine, a été versé à la Caisse des Dépôts et Consignations, pour être affecté ensuite conformément aux
Traités de paix, avec un droit de préemption en
faveur de l'Etat et des départements envahis. Mais,
en vertu du décret du 20 avril 1921, le produit de ces

____

(1) Procédure spéciale établie par la loi du 7 octobre 1919 et le
décret du 23 octobre suivant.
(2) Arrêté du Commissaire général de la République française
(Millerand), du 17 avril 1919 ; *J. O.* du 8 mai 1919.

liquidations, au lieu de passer par la Caisse des Dépôts et Consignations, a été versé au Trésor au compte de l'Office des biens et intérêts privés.

Sans aucun doute, ces liquidations constituaient une atteinte au principe du respect de la propriété privée; c'était, en effet, la confiscation presque absolue des biens appartenant à des sujets ennemis, et l'article 297 semblait confondre le domaine public avec les biens particuliers.

Sans doute, l'Etat allemand, en vertu de ce même article 297, § i s'est engagé à indemniser ses sujets, mais sur quelles bases pourront-ils l'exiger et par quels moyens pourront-ils contraindre leur nation, en l'absence de sanctions?

Il faut cependant se garder de confondre ces liquidations, résultant de dispositions contractuelles et qui, partant, échappent à toute contestation juridique, avec les liquidations unilatérales qui ont été si fréquentes en Allemagne durant la guerre.

Peut-être eût-il mieux valu adopter le mode de réparations prévu dans l'article 260, c'est-à-dire l'expropriation par la Commission des Réparations, mais après avoir fait toucher préalablement aux intéressés les indemnités leur revenant? Le procédé eût, certes, présenté plus de légalité et plus de sûreté pour les ressortissants ennemis.

Des dispositions analogues de liquidation ont été prises dans les articles 70, 82, 177, 249, 250 du Traité de Saint-Germain, 16 septembre 1919, et dans les articles 177, 179, 176, 121, 131 du Traité de Neuilly, du 27 novembre 1919.

§ 2. — Sort des biens et intérêts privés en Allemagne

Pour obtenir une réparation plus complète, les Traités de paix ont exigé de l'Allemagne l'application des règles que nous allons étudier.

Déjà, durant le cours des hostilités, des notes diplomatiques (1) et des communiqués à la presse avaient prévu l'annulation des opérations injustifiées faites par nos ennemis; la loi du 8 novembre 1917, notamment, disposait avec effet rétroactif et déclarait nulles et non avenues toutes les dispositions excessives prises par nos ennemis, aussi bien contre le domaine public que contre les propriétés privées; et l'arrêté pris par le Président du Conseil, le 30 novembre 1918 (2), déterminait la procédure par laquelle ces dispositions excessives devaient être rapportées en Alsace-Lorraine.

Les Traités de paix — nous nous bornerons ici encore à l'examen du Traité de Versailles, dont les autres n'ont fait que reproduire les mesures essentielles. — se sont efforcés de compenser les pertes subies. Pour ce faire, les vainqueurs se sont placés à un point de vue unilatéral, que nous ne saurions blâmer, en considération du but qu'ils se proposaient, le rétablissement des citoyens alliés dans leur situation d'avant-guerre; point de vue qui, pourtant,

____

(1) 10 juin 1917, Clunet, 1917, p. 1376.
(2) Voir 5 octobre 1918, Clunet, 1918, p. 1650.

pourrait être fort dangereux pour l'avenir du droit des gens.

Après avoir reconnu sa responsabilité et l'insuffisance de ses ressources, pour réparer « toutes les pertes et tous les dommages subis par les alliés et leurs nationaux par suite de la guerre », l'Allemagne s'est toutefois engagée à réparer « tous les dommages causés à la population civile de chacune des puissances alliées et associées, et à ses biens... » (1), et les articles suivants ont visé à établir et à régler le fonctionnement d'une Commission interalliée dite des Réparations.

En attendant la fixation définitive du montant des réparations à réclamer à l'Allemagne, l'article 235 du Traité stipulait une indemnité à payer pendant les années 1920 et 1921, dont le montant serait à imputer sur les sommes dues par l'Allemagne au titre des réparations.

Enfin, les articles suivants de cette VIIe partie du Traité établissaient la possibilité des prestations en nature.

Le but du Traité était d'aboutir à obliger l'Allemagne à replacer tous les biens dans le statut légal où ils se trouvaient avant les hostilités (art. 297, § *d*).

Pour ce faire, elle devait, en premier lieu, effectuer la restitution en nature de tous les biens pillés et dérobés par ses ressortissants; lorsque cette resti-

---

(1) Voir articles 231, 232 de la partie VIII, section I du Traité de Versailles.

tution était possible, ils devaient être renvoyés à
l'Office de la Restitution allemande des biens et
intérêts privés à Berlin, avant le 15 décembre 1919,
et cet Office devait le faire parvenir à celui des biens
et intérêts privés créé par le décret du 19 décembre
1919, dont le siège était à Paris, 146, avenue Malakoff.

Les ayants droit français adressaient une demande
de restitution sur papier libre, accompagnée de la
somme de 20 francs pour frais d'ouverture de dossiers
et de correspondance, au directeur de l'Office, et
les biens qui étaient ainsi restitués étaient expédiés
en franchise et sans droits de douane.

Le délai de restitution a été prorogé à plusieurs
reprises et, à l'heure actuelle, cette restitution est
loin d'avoir été entièrement exécutée (1).

Outre cette restitution, l'Allemagne devait contribuer à la réparation des préjudices dont elle était la
cause, d'abord de ceux les moins graves, en indem-
nisant les propriétaires des puissances alliées et
associées, à qui la disposition de leurs biens avait
été enlevée par elle, par la mise sous administration
ou sous surveillance, par exemple, sans toutefois en
modifier la propriété.

Même, lorsque des mesures de dispositions avaient
été prises, si la liquidation n'était pas entièrement

____

(1) Résolution de la Commission franco-allemande des droits
et intérêts privés, séance 6 février 1920. — *J. O.*, 29 avril 1920. —
Gidel et Barrault, *Le Traité de paix avec l'Allemagne du 28 juin
1919 et les Intérêts privés*, p. 42. — Voir aussi *La Liberté*, 3 décembre
1919. — Comme l'Office de compensation et de vérification a été
confié à cet Office, nous en étudierons le fonctionnement infra, p. 184.

consommée, et si les biens existaient encore en nature, ceux-ci devaient être remis en pleine jouissance (art. 297 a et f), comme avant la guerre. En conséquence, les cessions faites par des ennemis à des neutres, même avant la signature du Traité de paix, devaient être annulées à la demande des ayants droit, les cessionnaires restant toutefois subrogés aux droits des ayants droit dans l'indemnité qui devait leur être allouée par les ennemis. Et, jusqu'à leur remise, les biens dont il s'agit ne devaient plus être grevés d'aucune charge.

Par contre, lorsque des mesures de disposition avaient valablement transféré la propriété, même sans le consentement des propriétaires, il semble que le maintien de ces dispositions était la règle, sans avoir besoin de distinguer si l'acquéreur avait agi de bonne ou de mauvaise foi (art. 297, annexe, § 1er), à l'exception formelle de toutes les mesures de disposition prises dans des territoires envahis ou occupés, ou de celles encore prises après le 11 novembre 1918, qui étaient annulées.

Il paraît y avoir contradiction entre le § 1er de l'annexe et le § f du même article 297, qui prévoyait même la restitution des biens ayant fait l'objet de mesures de disposition, lorsque leurs propriétaires en feraient la demande; mais cette possibilité n'était applicable qu'aux ressortissants des puissances alliées et associées, chez lesquelles aucune mesure législative de liquidation générale des biens ennemis n'était en vigueur avant la signature de l'armistice. C'était le cas pour la France, et ce n'était en somme qu'une juste compensation de la modération et du respect de la propriété privée dont nous avions usé durant la guerre, alors que plusieurs de nos alliés (Etats-Unis, Grande-Bretagne, etc.), eux-mêmes, érigeaient la liquidation en loi. Les droits, pour lesquels la restitution était invoquée, devaient être signifiés dans l'année qui suivrait la mise en vigueur du Traité, mais ce délai a aussi été prorogé à plusieurs reprises.

Il y aura alors des tiers lésés, tiers qui, bien qu'ennemis, avaient pu être de bonne foi, et qui avaient acheté avec toutes les garanties de droit de la part de l'Etat; le paragraphe 2, de cet article 297 *i*, prévoyait bien que l'Allemagne devrait les indemniser du préjudice qui leur était causé, de même qu'elle devait les indemniser lorsqu'en vertu d'accords négociés par l'intermédiaire des puissances intéressées ou des Offices de vérification et de compensation, prévus à l'annexe de la section IV, des attributions d'avantages ou d'équivalents appartenant à ses ressortissants auraient été acceptés par des ressortissants des puissances alliées ou associées, en représentation de ceux dont ils avaient été privés.

Quels recours et quelles garanties ces sujets allemands auront-ils contre leur Etat? Sur quelle base pourront-ils se faire indemniser du tort qui leur était ainsi causé, et par quels moyens pourront-ils exiger ces indemnités, si l'Etat ne s'exécute pas ? Le Traité de Versailles est muet, et ne prévoit aucune sanction, ni aucune procédure.

Au cas présent, et surtout en ce qui nous concerne,

nous n'avons pas à nous en soucier, l'Allemagne indemnisera certainement ses ressortissants beaucoup plus rapidement et plus généreusement que les nôtres; mais c'est une opération qui, il faut l'avouer, équivaut à une confiscation et qui, comme telle, est dangereuse pour l'avenir de la propriété privée, nous l'avons déjà signalé.

Il eût mieux valu adopter le mode de réparations prévu par l'article 260, en vertu duquel la Commission des Réparations peut exiger l'acquisition par l'Allemagne de tous les biens de ses ressortissants dans toute entreprise d'utilité publique ou dans toutes concessions exploitées dans les pays qui, ayant appartenu à l'Allemagne ou à l'un de ses alliés, doit être cédé ou administré par un mandataire (en Russie, en Chine, en Autriche, par exemple), pour les transférer à cette Commission dans le délai de six mois, c'est-à-dire après indemnité préalable de ses ressortissants.

Le produit des liquidations et des avoirs en numéraire des sujets ennemis, une fois réalisé, l'article 297 *h* propose deux modes de répartitions (1) :

1° L'affectation, par chaque puissance alliée ou associée, du produit des biens et avoirs en numéraire ennemi, par elle saisis conformément à ses lois, au règlement des réclamations et des créances de ses

______

(1) Et en vertu du décret du 23 mars 1921, toutes les créances non recouvrées doivent l'être par les soins de l'Office des biens et intérêts privés, en faveur duquel administrateurs et liquidateurs doivent se dessaisir à compter du 1er octobre 1921 ; cette date fut reportée au 1er janvier 1922 par le décret du 27 septembre 1921.

ressortissants, leur valeur devait ensuite être portée au crédit de l'Allemagne (1).

2° Ou bien ces produits seraient portés au crédit de la puissance dont le propriétaire était ressortissant, par l'intermédiaire de l'Office de vérification et de compensation prévu par l'article 296, annexe, § 1, 297 h, 1°, pour le paiement et le recouvrement des dettes ennemies.

C'est ce dernier système qui a été adopté par notre loi du 10 mars 1920. Et des accords franco-allemands des 26 août, 3 septembre 1921, 9 avril 1921, ont définitivement réglé le fonctionnement de cet Office, tant du côté français que du côté allemand. Il avait été préconisé par les Chambres de commerce, et notamment par celle d'Alsace-Lorraine (2), consultées à ce sujet, à cause des avantages qu'il présentait : l'anonymat des poursuites, l'homogénéité des recouvrements, l'État garantissant l'insolvabilité de ses ressortissants, sous certaines conditions (3), parce qu'il évitait, enfin, les collusions, les lenteurs des règlements et des arrangements entre particuliers, avantages qui compensaient largement ses défauts (4). En voici le fonctionnement succinctement résumé :

---

(1) C'est un des cas prévus par l'article 243 du Traité.
(2) *Le Temps*, 30 août 1919.
(3) Pour les intérêts privés non prescrits avant la guerre, pour ceux qui ne se trouvaient pas en pays envahis, à condition que le ressortissant n'ait pas été dans l'impossibilité de faire face à ses obligations, lors de la déclaration de guerre.
(4) On lui reprochait de laisser à la disposition de l'Allemagne le montant des avoirs liquidés par elle, et de rendre l'État responsable des dettes des particuliers.

L'Office était géré par un directeur, sous l'autorité du Ministre des Affaires étrangères, et il était contrôlé par un Conseil de direction, présidé par le délégué français à la Commission des Réparations; il jouissait de l'autonomie financière et de la personnalité civile.

L'Office créancier établissait tout d'abord le montant de l'avoir ennemi; les créanciers de sujets ennemis devaient lui notifier leurs créances, dans le délai de six mois de sa composition; l'Office se chargeait de les faire connaître à l'Office débiteur, qui devait lui signaler celles qui étaient reconnues. Le paiement devait se faire ensuite par compensation d'Office à Office, et c'étaient eux qui réglaient, avec leurs nationaux respectifs, résidant en outre sur leur territoire.

S'il y avait une contestation, elle devait être soumise à un Tribunal arbitral mixte ou à un arbitre désigné par lui (1), à moins qu'à la demande de l'Office créancier, elle ne fût soumise à la juridiction du débiteur; toutefois, les différends relatifs au paiement des dettes et acceptations de paiement étaient obligatoirement de la compétence des Tribunaux alliés.

Ces paiements étaient interdits en dehors de l'intermédiaire de ces Offices; l'interdiction en était sévèrement réprimée par les articles 8, 9, 10 et 11

____

(1) Voir article 304, relatif au fonctionnement du Tribunal arbitral mixte.

de la loi du 3 mars 1921, et ils étaient considérés comme des infractions à l'interdiction de commercer avec l'ennemi.

C'était, en somme, la substitution d'un organe officiel à tous les particuliers intéressés, lesquels gardaient cependant un droit d'appel au Tribunal arbitral mixte.

Enfin, lorsque l'Etat liquidateur ne participait pas aux réparations à effectuer par l'Allemagne, le produit des liquidations qu'il faisait devait être remis directement aux propriétaires des biens liquidés, mais sous réserve des droits de la Commission des Réparations, en vertu des articles 235 et 260.

Le règlement des dettes devait s'opérer en monnaie de la puissance alliée ou intéressée, au taux moyen du change du mois ayant précédé la guerre (taux des transferts télégraphiques), l'Etat allemand prenant à sa charge les pertes du change de ses ressortissants (art. 296, 4° d).

Les créances, en outre, portaient intérêt au taux prévu jusqu'à l'échéance et, en son absence, au taux local; après l'échéance, elles continuaient à porter intérêt au taux de 5 % prévu par le Traité.

Tandis que le Traité s'oppose à la présomption d'irresponsabilité qui couvrait les agents allemands, en vertu des ordonnances du Bundesrath, et les oblige, au contraire, à rendre dans le délai d'un mois après la mise en vigueur du Traité, des comptes aux intéressés et à leur fournir tous renseignements utiles l'annexe, § 3, de la même section IV, interdit, nous l'avons déjà signalé, toute action ou réclamation « contre une puissance alliée ou associée ou contre une personne quelconque... relativement à tout acte ou toute omission concernant les biens, droits ou intérêts des ressortissants allemands...., contre toute personne, à l'égard de tout acte ou omission résultant des mesures exceptionnelles de guerre, lois et règlements de toute puissance alliée et associée».

Cette suppression de tout recours juridique aux ressortissants, en vertu des dispositions contractuelles du Traité est, tout au moins, quelque peu audacieuse et ne manque pas, elle non plus, que d'être terriblement dangereuse pour l'avenir du Droit des gens.

En effet, bien qu'au premier abord, elle semble présenter quelque analogie avec la suppression de l'exigence de l'exequatur, pour obtenir l'exécution en Allemagne de jugements rendus par les Tribunaux alliés, elle est, en réalité, beaucoup plus illégitime. Puisque les ressortissants alliés sont fondés à réclamer une indemnité, lorsque des jugements ont été prononcés contre eux sans qu'ils aient pu se défendre par suite de la guerre, si l'exequatur avait été exigé pour obtenir de l'Allemagne l'exécution des jugements rendus dans le but d'établir ces indemnités, cet exequatur eût été le plus souvent refusé, même de mauvaise foi, pour cette seule raison qu'il eût été préjudiciable à des sujets allemands. C'est là une justification suffisante de l'adoption de cette disposition.

La manière dont a fonctionné la Cour suprême de Leipzig a confirmé la raison de cette méfiance, en nous montrant comment nos ennemis comprenaient la Justice et le Droit, lorsqu'ils devaient réprimer des fautes, même criminelles, de leurs compatriotes.

Telles sont, brièvement résumées, les principales dispositions du Traité de Versailles relativement aux biens ennemis; nous en retrouvons de semblables dans le Traité de Saint-Germain, articles 177, 190, 248, 249, 251, 255, 256, 258, 262 et 277 et leurs annexes, et dans celui de Neuilly, articles 177, 178, 176, 121, 131 et les annexes.

Pour apprécier l'œuvre des séquestres, il faut distinguer les mesures qui ont été prises durant les hostilités, et celles qui furent la conséquence des Traités de paix.

Il faut rendre cette justice aux administrateurs-séquestres de guerre, qu'ils se sont presque toujours acquittés au mieux de leurs fonctions. Ils ont, il est vrai, été choisis parmi des fonctionnaires dont la compétence et l'honorabilité était une sûre garantie. Il y a eu, c'est certain, et surtout au début, des erreurs et des abus qui auraient peut-être pu être évités, si nous n'avions pas été mis en demeure de prendre des mesures rapides et énergiques, mais c'est le défaut inhérent à toutes les législations improvisées. Par contre, le gros avantage de cette législation, c'est l'adaptation plus facile et plus parfaite aux situations qu'elle doit régir; elles sont, selon la comparaison de M. Lalouel, comme des vêtements sur mesure, et, partant, épousent mieux les formes; ce fut le cas de la législation des séquestres.

L'institution demeura toujours modérée; les liquidations furent évitées aussi souvent qu'il fut possible et des exemptions, nous l'avons vu, furent accordées lorsque les circonstances l'ont permis. Jamais, dans son application, on ne fit preuve de sentiments inhumains ou trop haineux. Enfin, grâce au contrôle judiciaire, les dépenses nécessaires, à la charge des biens séquestrés, furent réduites au strict minimum.

Toutes les sommes perçues pour le compte des patrimoines séquestrés, furent intégralement versées à la Caisse des Dépôts et Consignations, tandis que les Allemands les convertissaient en emprunts de guerre (1), et l'administration de cette Caisse a constamment gardé les titres qui lui étaient déposés, sans jamais les prêter au Trésor.

De violentes critiques ont pourtant été adressées à notre système par le Dr Noldeck (2), de Berlin, et le Dr Reichel, de Zurich (3), et ils le considèrent comme un vol; mais ces critiques, empreintes de sentiments nettement francophobes, sont dénuées de toute franchise, et sont d'ailleurs infirmées par d'autres appréciations émanant aussi de nos ennemis, qui se passeront de commentaires.

La *Neue Freie Presse*, de Vienne, du 15 août 1916, reconnaît que le caractère purement conservatoire

---

(1) Le chiffre total des capitaux ainsi convertis atteignait plusieurs millions en Allemagne et le séquestre des Établissements Hutchinson, en réponse à la critique qu'on lui faisait d'un tel placement, objectait qu'à ses yeux c'était le placement le plus sûr.
(2) D. J. Z. 1917, p. 374.
(3) *Juristische Wochenschrift*, Berlin, 1er mai 1915.

du séquestre a été observé du côté français jusqu'à ce jour-là; que les liquidations ont été rigoureusement limitées et qu'enfin l'administration des biens s'est effectuée « loyalement et correctement ».

Plus louangeuse encore est l'appréciation du Dr Karl Hirschland, Rechtsanwalt, à Paris, provisoirement à Berlin » (comme il le disait lui-même), dans le *Deutsche Juritische Zeitung* (1).

« ...On n'a nullement eu l'intention de liquider et de réduire à rien les biens ennemis... Par suite de la longue durée de la guerre, des mesures ont pu... aboutir à des actes qui équivalent à des liquidations... Par ailleurs, il faut signaler que, dans un très grand nombre d'espèces, les biens allemands ont été, grâce à leur séquestre, géré de la manière la plus régulière et qu'elle leur a permis d'échapper à un anéantissement certain... étoffes, fourrures... En chargeant le séquestre de représenter les intérêts allemands, on a aussi empêcher les créanciers français de prendre des jugements qui auraient été fondés sur des prétentions purement arbitraires et qui leur auraient permis de se mettre injustement en possession des biens allemands.

« Il n'est que justice de reconnaître que les autorités judiciaires en France se sont attachées à exercer une surveillance rigoureuse sur les administrateurs. »

____

(1) Voir *Deutsche Juristische Zeitung* 1918, p. 816 et suiv. — Traduction Eugène Dreyfus, vice-président du Tribunal civil de la Seine; Clunet, 1918, p. 1099.

Nous avons, au contraire, apprécié différemment les mesures de liquidation prévues dans les Traités de paix; elles ont été, d'ailleurs, encore plus déplorables en Alsace-Lorraine, où le choix des administrateurs-séquestres a été, en général, assez mal fait; il nous faut cependant constater qu'il nous a été impossible d'agir avec l'Allemagne sur le pied d'une restauration réciproque et complète; nous aurions pu le faire, car les mesures prises par nous avaient été essentiellement conservatoires, alors que nos ennemis n'avaient cessé de prendre, durant toute la guerre, des mesures de disposition contre les biens qui étaient demeurés sur leur territoire et qui appartenaient à nos nationaux ou à nos alliés.

CONCLUSION

Tous les belligérants ont édicté, durant la guerre de 1914 à 1918, des mesures de restriction analogues à celles qui ont été prises en France; mais, parties de conceptions différentes ou visant un but différent, le domaine de leur application a été plus ou moins étendu, ainsi que la rigueur avec laquelle elles ont été imposées.

Aussi est-il bon, pour mieux apprécier dans son ensemble le système français de la condition des sujets ennemis et de leurs biens demeurés sur notre territoire, de jeter un coup d'œil sur l'attitude de quelques-uns des principaux belligérants, durant cette même période.

Les législations de guerre de l'Angleterre et des États-Unis ont, comme point de départ, une notion plus étroite que la nôtre de la personne des sujets ennemis, ne considérant comme tels que les « *Aliens enemy* », c'est-à-dire les sujets ou personnes morales ne résidant pas sur leur territoire, sur celui d'un de leurs alliés ou d'un neutre; chez nous, au contraire, la nationalité seule entre en ligne de compte.

En vertu de leur constitution et de leur régime, le Président ou le Roi jouissait alors, en temps de guerre, envers ces sujets ennemis, d'un pouvoir discrétionnaire permettant de leur imposer toutes les mesures restrictives nécessaires, ou de leur accorder toutes les licences qui sembleraient légitimes (1).

Respectueux à l'extrême, quoique pour des motifs différents, l'Angleterre par traditionnalisme et les Etats-Unis, parce que les libertés individuelles y sont considérées comme des droits fondamentaux établis à la base de leur Constitution, sont demeurés jusqu'au bout très libéraux quant à la liberté de séjourner et de circuler des sujets ennemis demeurés sur leur territoire. En Angleterre, l'expulsion individuelle devait être prononcée par une loi, tous les sujets y résidant, sauf les prisonniers de guerre, y bénéficiaient, en effet, de l'*Habeas corpus*. Les ennemis y jouissaient d'une liberté presque aussi complète que les neutres; l'autorité militaire (2), sous sa propre responsabilité, décidait toutefois de la nécessité de l'internement des sujets dangereux pour la sécurité publique.

Les infractions y étaient, par contre, sévèrement réprimées; l'*Alien enemy* devait, en premier lieu, prouver sa non-culpabilité et, s'il ne l'établissait pas, il était puni par les mêmes lois que les nationaux coupables de trahison; double dérogation au droit commun international en cette matière.

S'ils étaient autorisés à résider, donc *sub protec-*

----

(1) En vertu de l'*Aliens Restriction Act* du 5 août 1914, dans *Bulletin mensuel de Législation comparée*, janvier à mars 1915, p. 86 à 88; et proclamation publique du Président Wilson, du 7 avril 1917.

(2) Loi du 7 août 1914. — *Times*, 4 mars 1915, p. 12, col. 2.

tione domini regis, ils étaient, en principe, traités comme des neutres et, comme tels, autorisés à ester en justice (1); dans tous les cas, l'autorisation d'ester comme défendeur était traditionnelle (2); elle était, du reste, conforme aux intérêts anglais. Une fois condamnés, ces sujets ennemis pouvaient même prendre l'initiative d'appel.

La rupture des relations commerciales était considérée comme une nécessité, une simple opération de guerre, à condition cependant que l'interdiction de ces relations ait été formellement prononcée; mais, dans l'intérêt bien compris de l'État anglais, on ne tenait compte que du domicile commercial; les paiements devant enrichir l'ennemi demeuraient seulement interdits (3).

De cette interdiction résultait que tous les contrats postérieurs à la guerre, intervenus avec des sujets ennemis, à l'exception des contrats de nature civile, étaient illégaux. Ceux contractés avant la guerre n'étaient pas annulés, sauf s'ils avaient été conclus en vue de la guerre, mais leur exécution était suspendue; si, de par la nature des contrats, cette simple suspension des effets était impossible, la nullité pouvait en être prononcée; cette condition permet

---

(1) Princess Turn et Taxis, c. Moffi : R. D. I. P., 1915-1916, p. 85. — Haute-Cour de Justice, 24 octobre 1914, Clunet, 1915, p. 141.

(2) Règle pour le commerce avec l'ennemi, du 11 janvier 1915. — Cour suprême de Justice, 19 janvier 1915. — R. D. I. P., 1915-1916, p. 87.

(3) Les infractions sont réprimées par la loi du 27 novembre 1914.

tait aux sujets anglais, selon leur avantage, d'agir dans un sens ou dans l'autre.

Dès le mois de septembre 1914, la déclaration des biens ennemis était obligatoire, et un « *Act* » du 27 novembre suivant nommait le Ministre du Commerce séquestre général de tous les biens ennemis abandonnés; il était chargé de nommer des administrateurs pour garder et même pour faire fructifier ce qui leur était confié.

Les pouvoirs des séquestres étaient très étendus, et la Haute-Cour, sur la simple demande d'un quelconque intéressé, pouvait leur conférer le pouvoir de vendre les biens ennemis; la loi du 27 janvier 1916 établissait, du reste définitivement, la liquidation qui, le plus souvent, était prononcée par le Ministre du Commerce lui-même (1).

Cette dernière mesure mise à part, la législation anglaise était incontestablement meilleure que la nôtre. Elle était, peut-être, un peu trop libérale envers les personnes, mais ce n'était que la conséquence de la haute conception que l'opinion anglaise a des libertés individuelles. L'interdiction d'ester y était utilement comprise, alors que, pour arriver au même résultat, nous avions longtemps hésité. La rupture des contrats, telle qu'elle était appliqué par eux, présentait de gros avantages, et le fait de ne s'attacher qu'au domicile commercial pour interdire les relations, atteignait plus certainement aussi le but

---

(1) *The Times*, 21 novembre 1917. — *Op. cit.*, Dʳ Georges Schmidt, de Hambourg, D. J. Z., 1918, p. 252.

cherché : empêcher l'ennemi d'augmenter ses ressources en vue de la guerre, qu'une interdiction
absolue. Cette interdiction générale n'aboutissait
qu'à enrichir les neutres, qui faisaient l'office d'intermédiaires, et la Chambre de commerce de Paris
avait réclamé, à maintes reprises, la liberté de commercer avec les sujets ennemis résidant en pays
alliés ou neutres (1).

Quant à la généralisation des mesures de liquidation (elles avaient été fréquemment employées en
1917 et en 1918), elle était la conséquence inévitable
d'une législation de guerre s'efforçant, avant tout,
de sauvegarder l'intérêt national sans s'occuper
aucunement des intérêts particuliers ennemis, même
si les moyens étaient illégaux.

Les États-Unis avaient poussé plus loin encore
cette conception de l'opportunité; la procédure
d'arrestation, pour les sujets ennemis, avait été
simplifiée, et les tribunaux pouvaient prononcer
la dénaturalisation pour une simple manifestation
de fidélité à l'Allemagne (2). La liquidation avait été
encore plus fréquemment ordonnée qu'en Angleterre
et les États-Unis n'avaient pas hésité d'une part, à
en convertir les produits en emprunts de guerre
(49.700.000 dollars environ avaient été employés
de cette manière et 2.807.000 dollars étaient encore
réservés au même usage au moment de l'armistice [3]),

---

(1) Réclamation au Garde des Sceaux, 24 octobre 1914. — Au
Ministre du Commerce, 5 janvier et 13 février 1915.
(2) New-York : *Gazette des Tribunaux*, 19 mai 1918.
(3) *Le Temps* : 3 août 1918; *op. cit.* de Mitchel-Palmer.

et, d'autre part, à céder la plupart des grandes
sociétés ennemies à des sociétés américaines.

C'étaient là deux abus que les Américains justi-
fiaient, à tort selon nous, par leur désir d'abréger
la guerre par tous les moyens.

L'Italie, au contraire, était, en général, plus conforme à notre législation. Cela était dû vraisembla-
blement à l'analogie des conceptions juridiques.

On y relevait, à première vue, une anomalie
presque inexplicable, qui avait été longtemps une
entrave à l'efficacité du blocus : c'était l'arrangement
italo-allemand du 21 mai 1915, malgré toutes les
atteintes dont il était l'objet de la part des Allemands, il n'a été dénoncé par l'Italie qu'en juillet
1916, les sujets allemands restant, malgré tout,
l'objet de mesures de faveur.

Les mesures destinées à éloigner les sujets ennemis
des grands centres et leur imposant une résidence
avaient été prises seulement par un décret du 18
janvier 1918.

En matière de nationalité de sociétés tout au moins,
c'était notre système de la nationalité de fait qui
avait été appliqué (1) ; mais le droit de défense (2),
et partant le droit d'appel, avaient été généralement

---

(1) Milan, 3 juin 1916, R. D. I. P., p. 289, Clunet 1919, p. 420
— Turin, 14 novembre 1917, Clunet 1919, p. 422. — Contra Fedozzi,
op. cit., dans la *Rivista della Societa per Azioni* 1916, p. 151.
(2) Garnuletti prétend que l'interdiction d'ester est générale et
absolue. — Breschi, au contraire, avec la Cour d'appel, 3 juin 1916,
et la Cour de Cassation de Rome, 30 janvier 1917, soutient que le
droit de défense reste entier.

admis, ce qui permettait l'emploi de la procédure par défaut.

Des mesures particulières, pour l'interdiction des relations commerciales, avaient été prises, le 24 juin 1915, à l'égard de l'Autriche-Hongrie, puis étendues à l'Allemagne, le 10 mai 1916; en réalité, cette interdiction ne datait que du décret du 8 août 1916, qui l'avait sanctionnée; la conséquence était que les contrats, même antérieurs à la guerre, pouvaient être annulés par décret.

Un décret du 30 janvier 1916, entré en vigueur le 14 février 1916, ordonnait l'obligation, pour les établissements publics, de déclarer tous les biens, meubles et immeubles, qui leur étaient déposés, et prévoyait la possibilité de la mise sous séquestre des biens ottomans, mise sous séquestre étendue par un décret du 13 avril 1916 à tous les biens ennemis.

A la suite d'un rapport du barreau de Milan (1), lequel a toujours été, pendant la guerre, le porte-paroles de la propagande contre l'ennemi, le décret du 8 août 1916 organisa trois sortes de mesures; en premier lieu, la mise sous surveillance par des fonctionnaires choisis et contrôlés par l'Intendant des Finances.

Après un délai suspensif d'un mois, la mise sous séquestre était possible. Enfin, en troisième lieu, venait la liquidation.

Les pouvoirs des séquestres étaient plus étendus que chez nous; ils géraient les affaires, pouvaient

____

(1) 19 juillet 1916.

les faire fructifier et, comme tels, avaient de droit la faculté d'ester en justice pour les sujets ennemis.

La liquidation était prescrite par décret royal, et les sommes en provenant étaient versées à la Caisse des Dépôts et des Emprunts.

Mais, malgré cette dernière mesure, la législation italienne gardait un caractère essentiellement conservatoire; la liquidation, en effet, n'y était envisagée qu'à titre subsidiaire et exceptionnellement.

L'Allemagne, au contraire, a été beaucoup plus audacieuse; le Bundesrath qui, grâce à la délégation de pouvoirs, pouvait « ordonner toutes les mesures jugées nécessaires pour porter remède à des dommages économiques », avait bien posé, en principe, le respect de la propriété privée, mais en le subordonnant d'abord au droit d'empêcher l'enrichissement de l'adversaire et ensuite à l'intérêt national, qui primait tout. « Le salut de l'Etat allemand est la loi suprême devant laquelle toutes les autres lois et les conventions internationales doivent s'incliner (1). »

Pour ce faire, il fallait agir sur le moral de l'adversaire et sur sa capacité de résistance; aussi le principe dominant était-il, selon le professeur Rehm, de Strasbourg, séquestre de nombreuses sociétés françaises, non de conserver, mais de nuire. « La guerre nous offre un moyen unique, que nous ne retrouve-

____

(1) *Op. cit.* dans Eccard: *Biens et Intérêts français en Allemagne et en Alsace-Lorraine*, p. 3.

rons plus, de prendre une mesure allemande, catégorique en faisant passer la propriété foncière dans
des mains allemandes... ce serait de la démence de
protéger nos ennemis.» De tels principes se passent
de commentaires; cependant, pour essayer de couvrir
toutes les illégalités qui en étaient la conséquence,
les Allemands n'avaient cessé d'invoquer la légitimité de représailles à des mesures prises par leurs
ennemis.

Les sujets ennemis étaient l'objet d'une rigueur
inhumaine (1) et les camps de concentration trans-
formés en «séjour de terreur et d'épouvante». Une
fois le Kriegszustand déclaré, le 31 juillet 1914,
l'autorité militaire, en vertu de l'article 68 de la
Constitution, avait des pouvoirs dictatoriaux com-
prenant notamment le droit de suspendre les garanties des libertés individuelles, inviolabilité de domicile, liberté de réunion et de presse, etc.

L'Allemagne avait adopté le système anglais de la
nécessité de résidence en pays ennemi, pour que la
pleine application des mesures restrictives puisse
jouer à l'égard des sujets ennemis. Elle n'avait
naturellement pas édicté d'interdiction formelle de
commercer, espérant, au contraire, reprendre au
plus vite les relations commerciales «momentané-
ment rompues»; elle s'était bornée à interdire les
sorties de capitaux, les paiements en pays ennemis.

En vertu d'une ordonnance du Bundesrath, du

____

(1) Voir Merignhac et Lemonon, t. 1er, p. 318.

16 décembre 1916, le Chancelier pouvait prononcer
la résiliation de tous les contrats antérieurs ou postérieurs à la guerre (1). Il délègue ses pouvoirs au Tribunal d'Empire, mais les Tribunaux de droit commun
n'ont usé que modérément de la faculté qui leur était
laissée.

Une ordonnance du Bundesrath, du 7 août 1914, a
suspendu, pour toutes les personnes physiques ou
morales résidant à l'étranger, et pour celles-là seulement (2), le droit d'exercer leurs droits patrimoniaux
en justice, mais le Chancelier pouvait étendre cette
interdiction à tous les sujets ennemis. La jouissance
des actions civiles a toujours été maintenue. Grâce
aux lois de procédure allemande, des jugements par
défaut pouvaient être prononcés après une simple
publicité au *Reichsanzeiger* et un délai de quinze
jours, et, après un délai d'un an, ces jugements
devenaient définitifs (art. 234 du Code de procédure);
le résultat en était si injuste que des revues allemandes avaient demandé qu'on y remédiât dans les
Traités de paix; c'était l'objet de l'article 302 du
Traité de Versailles.

Dès le 15 octobre 1915, l'obligation de déclarer
les biens ennemis était édictée (3).

Les meubles meublants étaient abandonnés sans
contrôle à ceux qui les détenaient, après une simple
déclaration, et leur conservation n'était même pas

---

(1) Reichsgericht, 16 novembre 1915. — Sœgel, p. 7, n° 6.
(2) R. G. B., 443. — Voir Dr Haber, Clunet 1917, p. 448. — Curti
dans Clunet 1915, p. 785.
(3) R. G. B., 633.

assurée. Les deniers et les titres étaient remis en banque, et une section spéciale de la Reichsbank était chargée de bloquer les intérêts et les produits de toutes les administrations de biens ennemis.

Les biens ennemis étaient l'objet de trois sortes de mesures.

1º La première en date, et la moins rigoureuse, était la mise sous surveillance, instituée par une ordonnance du 4 septembre 1914 (1); elle ne visait qu'à empêcher l'ennemi de jouir du bénéfice des exploitations, ce qui était légal; mais le fait de subordonner la marche de ces exploitations « aux intérêts allemands » même si l'entreprise devait en souffrir, était déjà moins légitime.

2º L'administration forcée, organisée par l'ordonnance du 26 novembre 1914, coexistait un moment avec la mise sous surveillance, puis, bientôt, la remplaçait, substituant cette fois au propriétaire un délégué de l'administration, véritable fonctionnaire nommé par l'autorité administrative et sous le contrôle politique de cette autorité. Mesure transitoire dont l'aboutissement était la liquidation (2) [§ 3 de l'ordonnance]. La seule restriction à la toute puissance de ces administrateurs, qui remplissaient à la fois un « Office public et un Office privé », résidait dans l'impossibilité où ils se trouvaient, d'ester, comme demandeurs; ils pouvaient, par contre, disposer des

____

(1) R. G. B., 397.
(2) Solution critiquée par le Dʳ Waldecker, Berlin, *Juristische Wochenschrift* 1917, p. 660. Traduction Dreyfus, Clunet 1918, p. 480.

fonds, même en emprunt de guerre, et l'administrateur de la Société des Caoutchoucs Hutchinson considérait cette disposition comme le meilleur placement que la Société pouvait faire !

L'ordonnance du 26 novembre 1914 autorisait le Chancelier à dissoudre, si bon lui semblait, les sociétés; il n'a jamais usé de son pouvoir, mais les autorités judiciaires (1) et administratives n'hésitaient pas à prononcer la dissolution, à la seule requête des associés allemands. L'administrateur pouvait d'ailleurs atteindre ce résultat beaucoup plus facilement : il invitait les administrateurs ennemis à se démettre, sinon il les révoquait et votait la dissolution de la société avec leurs propres actions (Société alsacienne de Constructions mécaniques). L'administrateur pouvait, à son gré, changer la firme, modifier les statuts ou le capital, créer ou supprimer des succursales, etc.

Et, contre ce déploiement de pouvoirs, le seul recours possible était subordonné, comme pour la mise sous surveillance, à l'assentiment des autorités centrales des États. Le but cherché par l'Allemagne était toujours atteint et se marquait par des déficits importants des entreprises mises sous administration forcée.

3° Enfin, la dernière mesure, la liquidation, était édictée le 21 juillet 1916, à l'égard des biens anglais, et, le 14 mars 1917, à notre égard (2).

---

(1) Cour suprême de Saxe, 4 janvier et 5 novembre 1915. *Frankfurter Zeitung*, 4 janvier 1916.

(2) Pour l'Angleterre : R. G. B., p. 227. — Pour la France : arrêté du Chancelier, R. G. B., 227.

Le Chancelier jouissait d'un pouvoir souverain, pour en apprécier l'opportunité, il devait consentir la nomination des liquidateurs faite par les autorités centrales des Etats; il avait, bien entendu, aussi tout pouvoir pour consentir la liquidation comme il le voulait.

Le recours était le même que pour les mesures précédentes; fort heureusement, il y eut moins de liquidations, pour conserver un gage économique d'abord, par crainte aussi des représailles, que les textes ne semblaient le prévoir.

Pour couronner tout cet édifice et s'y superposant, le « Treuhaender », ou commissaire impérial de la propriété privée, était créé par l'ordonnance du 19 avril 1917 (1), dans le but d'unifier et de diriger les mesures, et dont les fonctions étaient plutôt inspirées par le « souffle des circonstances » que par les règles de l'équité.

Par la diversité de ces mesures, ce système, plus souple que le nôtre, présentait des avantages techniques indiscutables; il était difficile d'y échapper, mais il était, par contre, exempt de toute légalité et même d'honnêteté, la fin, seule, justifiant les moyens.

Tandis que notre régime était institué judiciairement, depuis la nomination jusqu'au contrôle, tout le système allemand était administratif, ce qui ouvrait la voie aux pires concussions. L'article 1911 du Code civil allemand leur offrait, pourtant, un

____

(1) R. G. B., p. 363.

régime analogue au nôtre, qu'ils avaient, au reste, employé quelquefois en Alsace-Lorraine.

En somme, administrateurs et liquidateurs jouissaient d'un pouvoir illimité, aidés qu'ils étaient dans leur tâche par les autorités administratives et judiciaires, pour le plus grand bien de la patrie allemande, et leur toute puissance ne se bornait plus à l'exécution de mesures économiques, mais à des mesures politiques s'efforçant de ruiner et d'anéantir l'adversaire sur tous les terrains.

Ces mêmes mesures ont été édictées en Autriche-Hongrie, mais leur application en a été beaucoup moins rigoureuse; le statut des sujets ennemis a été plus modéré, la capacité d'ester a été maintenue en principe; seule, l'exécution a été suspendue (1).

L'interdiction de commercer n'y a naturellement pas été prononcée non plus; le recensement des biens ennemis a été édicté en Hongrie le 28 octobre 1914, et le 1er mars 1915 en Autriche (2).

Aussitôt après, la mise sous surveillance fut ordonnée, puis, en vertu de l'ordonnance du 29 juillet 1916 (3), la mise sous séquestre, avec larges pouvoirs des administrateurs qui, avec l'assentiment du Gouvernement, ont pu aisément obtenir la dissolution judiciaire des sociétés, par exemple. Un arrêté ministériel pouvait ensuite autoriser la liquidation et la vente de l'entreprise.

____

(1) *Neue Wiener Journal*, 22 juin 1916. — Cour suprême d'Autriche, 22 décembre 1917, Clunet 1916, p. 648.
(2) R. G. Bl. n° 118.
(3) R. G. Bl. 1916, p. 665.

Comme en Allemagne, le seul recours prévu devait
être soumis à l'approbation de l'autorité administrative qui avait nommé le séquestre. Pourtant, les
biens ennemis ont généralement été bien admi-
nistrés en Autriche-Hongrie (1), et la liquidation y
fut moins souvent prononcée que les textes ne semblaient la préconiser.

Combien plus modéré et plus respectueux du Droit
international a été le système édicté en France !
Sans prendre, contre les sujets ennemis, les mesures
les plus rigoureuses, nous avons pu nous garantir
efficacement contre les dangers résultant de leur
présence sur notre territoire, et leur personne a
toujours été respectée.

Il importe cependant de rappeler, d'une part,
que l'interdiction absolue d'ester, telle qu'elle a été
édictée chez nous, est sans aucun doute un excès de
prudence, car l'interdiction des paiements présente
des garanties suffisantes pour empêcher l'enrichissement de l'ennemi, et que, d'autre part, l'interdiction
générale et absolue de commercer avec les ennemis,
même chez les neutres, nous a porté un grave préjudice.

Dans l'impossibilité de traiter sur le pied d'égalité
avec des ennemis qui, durant toute la guerre, avaient
fait bon marché, aussi bien, des contrats que des
propriétés privées ennemies, les Traités de paix ont
fait échec au Droit international, en annulant les

____

(1) Lettre de M. Alizée, ministre plénipotentiaire à Vienne,
Clunet 1919, p. 871.

contrats antérieurs à la guerre et en ordonnant la liquidation des biens ennemis; ces mesures, bien qu'elles résultent de dispositions contractuelles acceptées par nos ennemis, ne laissent pas que d'être fort dangereuses pour l'avenir du Droit des gens.

Il serait, certes, fort désirable de prévoir pour l'avenir un statut idéal des sujets et des biens demeurés en territoire ennemi, car, par suite de la plus grande facilité et de la plus grande rapidité des transports, les relations de toute nature, commerciales, industrielles, scientifiques et intellectuelles, sont appelées à prendre, chaque jour, une extension plus considérable.

Mais, en l'absence d'un pouvoir supérieur pouvant imposer des sanctions rigoureuses, comment édicter universellement ces prescriptions idéales? Comment en garantir l'application? Pour le moment, nous ne pouvons que nous borner à souhaiter, comme le faisait le Président Wilson, de « réduire, sinon détruire tout pouvoir arbitraire pouvant troubler la paix du monde... » et à poursuivre, comme lui, « le régime de la loi basé sur le consentement des gouvernés et soutenu par l'opinion organisée de l'humanité ».

En vérité, toutes les nations devraient revenir à des conceptions plus saines et ne pas oublier que la guerre est une relation d'Etat à Etat, ce qui implique, en premier lieu, le respect de la personne physique des ennemis, celui de leurs libertés individuelles, ne menaçant en rien la sécurité nationale, et, en second lieu, l'inviolabilité de la propriété privée.

La guerre ne doit affecter les particuliers que dans

la stricte mesure des nécessités, d'ordre militaire pour
la conduite des hostilités, ou d'ordre économique
une fois la paix rétablie, car le vainqueur doit pouvoir s'assurer la réparation des dommages qu'il a
subis, mais il a le devoir d'imposer aux vaincus
l'indemnisation préalable de ses expropriés et même
de la sanctionner.

Si l'on ne se décide pas à en revenir à ces règles
fondamentales du Droit des gens, il faut parler, non
pas d'évolution, mais d'un retour décourageant à
l'inorganisation et à la barbarie.

Vu

Nancy, le 10 mars 1924,

Le Doyen de la Faculté

F. GÉNY

Vu

Nancy, le 9 mars 1924.

Le Président de Thèse

LALOUEL

Vu et permis d'imprimer

Nancy, le 11 mars 1924,

Le Recteur de l'Académie

Ch. ADAM,

Membre de l'Institut.

BIBLIOGRAPHIE

Annuaire de l'Institut de Droit international. t. XXI,
XXIV, XXV, XVI.

AUDINET. — Restrictions apportées aux droits patrimoniaux des sujets ennemis dans la guerre 1914-1919.
— R. D. I. 2ᵉ série, t. II.

BARRAULT. — Des entreprises austro-allemandes constituées sous forme de Sociétés françaises et de l'influence de la présence d'Austro-Allemands dans les
Sociétés. — R. D. I. 1915.

— Fondement de droit de nomination des administrateurs commis par justice. — R. D. I. P. 1918, p. 360.

— Essai de théorie de l'administration judiciaire des
biens des sujets ennemis en France. — R. D. I. P.
1919, p. 445.

BLANCHON. — *La Guerre nouvelle,* Paris, 1916.

BLUNTSCHLI. — *Droit international codifié.* — Traduction
Lardy, 2ᵉ édition. 1874.

BYNKERSHŒK. — *Quaestione Juris publici.*

CASSIN. — L'interdiction du commerce et des relations
économiques avec l'ennemi. — R. D. I. P. 1918,
p. 5 et 361, et 1919, p. 33.

CHRÉTIEN. — *Principes de Droit international public,*
Paris, 1893.

CLUNET. — Dans *Journal de Droit international,* 1915,
p. 567; 1916, p. 131 et 550.

Clunet. — *L'Expulsion d'Étrangers indésirables en Alsace-Lorraine et le Droit*, 1922, p. 56.

Conférence de La Haye (2ᵉ). — Actes et Documents, t. I et t. III.

Documents parlementaires au *Journal officiel*. — Chambre, Annuaire, nᵒ 533, séance 5 mars 1915.

Dupuis. — *Droit de la Guerre maritime*. — Paris, 1911.

— Compte rendu du livre de M. Scelle sur le Pacte des Nations et sa liaison avec les Traités de paix. — *Revue des Sciences politiques*, 1920, t. XLIII, p. 772.

Durut. — De l'expulsion des étrangers. — Thèse Aix, 1902-1903.

Eccard. — *Biens et Intérêts français en Allemagne et en Alsace-Lorraine*. — Paris, 1917.

Fauchille. — *Manuel de Droit international public* (Bonfils et Fauchille). — Paris, 1912.

— *Traité de Droit international public*. — Paris, 1921.

— Les attentats allemands contre les biens et les personnes en Belgique et en France. — R. D. I., 1915, p. 249.

— Les Allemands en territoire occupé, le droit et le fait. — R. D. I., 1917, p. 316.

Funck-Brentano et Sorel. — *Précis de Droit des Gens* (2ᵉ édition). — Paris, 1887.

Gazette du Palais, Années 1914 à 1920.

Geffcken. — *Droit international de l'Europe* (4ᵉ édition). — Paris, 1875.

Gény. — *Interprétation du Droit privé et sources*.

Gidel et Barrault. — *Le Traité de Paix avec l'Allemagne, du 28 juin 1919, et les Intérêts privés*. — Paris, 1921.

Grotius. — *De jure belli ac pacis*.

Henry. — Les séquestres des biens des sujets ennemis en France et en Allemagne. — R. D. I. P., 1915-1916, p. 457.

Journal de Droit international (Clunet), 1915, p. 569, 599, 1009, 1099, 1135; 1916, p. 131, 550, 825, 1039; 1918, p. 1061; et Clunet, 1915 à 1922.

Le Fur. — *Des Représailles en temps de Guerre.* 1919.

Lyon-Caen. — Nationalité des Sociétés composées en tout ou partie d'étrangers, dans *Bulletin social de Législation comparée,* 1916, p. 405; 1918, p. 195.

Mérignhac et Lemonon. — *Le Droit des Gens et la Guerre de 1914 à 1918.* — Paris, 1921.

Pillet. — La guerre actuelle et le Droit des gens. — R. D. I., 1916, p. 5, 203, 423.

Pinoche. — Le séquestre et les liquidations des biens ennemis. — Thèse Nancy. 1920.

Politis. — Dans *Annuaire de l'Institut de Droit international,* t. XXIII, XXIV.

Publication du Ministère des Affaires étrangères. — Violation des droits de la guerre par l'Allemagne. — Paris, 1915.

Renouard. — Brevets faits en pays ennemis et brevets des sujets ennemis en France, dans Clunet, 1917, p. 1607.

Reulos. — *Manuel des Séquestres.* — Paris, 1916.

Revue de Droit international privé (R. D. I. P.). — Années 1915 à 1922.

Revue générale de Droit international public (R. D. I.). — Années 1915 à 1921.

Rolin (Albéric). — *Le Droit moderne de la Guerre.* — Bruxelles, 1920-1921.

Rouard de Card. — *La Guerre continentale et la Propriété.* 1877.

SURCHER. — *Le Statut français des Sujets ennemis.* — Paris-Nancy, 1915.

CHRÉTIEN. — Des [illegible] d'achats marchands entre sujets des États belligérants.

[illegible] Proposée de réforme de la législation [illegible] fondamentalement chez les sujets français [illegible] Individus et société — [illegible] vie publique et personnelle [illegible] octobre 191[?]

TRAVERS-TWISS. — *Le Droit des Gens.*

GIDEL. — *Manuel de Droit international br[...]* — Paris, 1943.

De la condition [illegible] pendant la guerre — R.D.I.C. — 1943 p. 349.

VATTEL. — *Le Droit des Gens.*

WAHL. — *Droit civil et Droit commercial de guerre.*

WEISS. — *Traité théorique et pratique de Droit international privé (2e édition).*

TABLE DES MATIÈRES

LIVRE DEUXIÈME

Statut des biens.

Impr. Nancéienne, 15, rue de la Pépinière — Nancy